Umkehr

Veröffentlichungen von Willi Hoffsümmer im gleichen Verlag

Für die Gottesdienstgestaltung

Bausteine für Familiengottesdienste – Lesejahr A. Die Evangelien der Sonn- und Feiertage in Symbolen, Geschichten, Spielen und Bildern (^{2}1993); Bausteine für Familiengottesdienste – Lesejahr B (^{2}1994); Bausteine für Familiengottesdienste – Lesejahr C (^{2}1994); Seniorengottesdienste 1: 177 Gottesdienste für ältere Menschen und andere Altersgruppen (^{2}1991); Seniorengottesdienste 2: 166 Gottesdienste für ältere Menschen und andere Altersgruppen (1994); 111 Bausteine für Gottesdienste mit 3–7jährigen und religiöse Feiern im Kindergarten (^{5}1995); Gottes Spur in der Schöpfung. 200 Ideen für Feriengottesdienste und Freizeiten (^{2}1994); 2 x 11 Bußfeiern mit Gegenständen aus dem Alltag (^{4}1995); 3 x 7 Bußfeiern mit Gegenständen aus dem Alltag (^{2}1994)

Zeichen- und Symbolpredigten

Anschauliche Predigten für Kinder-, Jugend- und Familiengottesdienste (^{5}1993); 133 Kinderpredigten. Mit Gegenständen aus dem Alltag (^{8}1992); 144 Zeichenpredigten durch das Kirchenjahr. Mit Gegenständen aus dem Alltag (^{6}1994); 99 Kinderpredigten. Mit Gegenständen aus dem Alltag (^{2}1992); 122 Symbolpredigten durch das Kirchenjahr. Für Kinder, Jugendliche und Erwachsene (^{2}1994); 88 Symbolpredigten durch das Kirchenjahr. Für Erwachsene, Jugendliche und Kinder (^{2}1996)

Geschichtensammlungen für die Gemeindepraxis

Kurzgeschichten 1: 255 Kurzgeschichten für Gottesdienst, Schule und Gruppe (^{15}1995); Kurzgeschichten 2: 222 Kurzgeschichten ... (^{9}1994); Kurzgeschichten 3: 244 Kurzgeschichten ... (^{7}1995); Kurzgeschichten 4: 233 Kurzgeschichten ... (^{4}1994); Kurzgeschichten 5: 211 Kurzgeschichten ... (^{2}1995); Geschichten als Predigten (^{3}1995)

Geschichtensammlungen als Bildband – das besondere Geschenk

Geschichten wie kostbare Perlen (^{6}1995); Geschichten wie Spiegel des Herzens (^{4}1995); Geschichten wie Wegweiser (^{2}1993); Geschichten wie offene Türen (^{2}1993); Geschichten wie Brücken zum Leben (^{2}1995); Geschichten wie Brunnen in der Wüste (1995)

Taschenbücher zu den Sakramenten – mit Geschichten

Geschichten zur Taufe. Topos Taschenbuch 210 (^{2}1993); Bußgeschichten. Topos Taschenbuch 99 (^{6}1993); Kommuniongeschichten. Brot fürs Leben. Topos Taschenbuch 79 (^{16}1995); Firmgeschichten. Hinführung zur Firmung für Jugendliche und Gruppenleiter. Topos Taschenbuch 126 (^{8}1995); Geschichten zum Sakrament der Ehe. Topos Taschenbuch 166 (^{4}1994); Geschichten für Kranke. Topos Taschenbuch 188 (^{3}1994)

Für Gruppen und Schule

33 Gruppenstunden für Ministranten, geeignet auch für Schule, Kinder- und Jugendarbeit (^{5}1995); 27 Modelle für Gruppenstunden und Religionsunterricht (1995); Religiöse Spiele für Gottesdienst und Gruppen. Band 1 (^{6}1994); Religiöse Spiele für Gottesdienst und Gruppen. Band 2 (^{4}1993); 77 religiöse Spielszenen für Gottesdienst, Schule und Gruppe (^{2}1994)

Glaubensvermittlung

Von der Schöpfung, Gott und Jesus erzählen. 100 Ideen für 3–7jährige (^{2}1995); Glaube trägt. Kleiner Katechismus für junge und erwachsene Christen (^{8}1995)

Gesamtauflage: über 800.000

Willi Hoffsümmer

Umkehr

25 Bußfeiern mit Gegenständen
aus dem Alltag

Matthias-Grünewald-Verlag · Mainz

All denen, die sich auf Gott ausrichten,
um den Menschen gerechter zu werden

Zeichnungen von Karl Heinz Hamacher, Bergheim-Paffendorf

 Der Matthias-Grünewald-Verlag ist Mitglied
der Verlagsgruppe engagement

Die Deutsche Bibliothek – CIP-Einheitsaufnahme

Hoffsümmer, Willi:
Umkehr : 25 Bussfeiern mit Gegenständen aus dem Alltag / Willi Hoffsümmer. –
Mainz : Matthias-Grünewald-Verl., 1996
    ISBN 3-7867-1914-4

Umschlag: Harald Schneider-Reckels und Iris Momtahen, Wiesbaden
Satz: Studio für Fotosatz und DTP, Ingelheim
Druck und Bindung: Wagner, Nördlingen

ISBN 3-7867-1914-4

Inhaltsverzeichnis

I. Vorüberlegungen und Hinweise

1. Wir brauchen erlebbare Begegnungen mit Gott

Die frühere Beichtpraxis, die „Schnellbeichte" (= die Sünden aufzählen, dann folgt die Lossprechung), hat auch deshalb weitgehend ausgedient, weil der Mensch selbst kaum darin vorkam: Ein Schema erreicht nicht Herz oder Seele.

In einer Bußfeier lassen wir uns bis zu einer Stunde Zeit, und oft sind die Teilnehmer/innen schon 30 Minuten vorher da. Wer hier von „billig" spricht, weiß offensichtlich auch nicht, wieviel Zeit schon die Vorbereitung einer „Feier der Umkehr" kostet!

Bei dieser erlebbaren Begegnung mit Gott helfen Symbole und Zeichen aus dem Alltag schon alleine deshalb, weil sie in der heutigen Reizüberflutung den Menschen zu mehr Konzentration verhelfen. Auch Kurzgeschichten erleichtern das Zuhören, wirken nach und berühren das Innere des Menschen, nicht nur den Kopf. Die Abwechslung durch Lieder, Stille und Musikmeditationen lockern den Seelenboden auf, in den die Worte Gottes fallen mögen.

2. Gott vergibt nur, wenn ich die Vergebung weitergebe

Darf ich ins Gedächtnis rufen?: Ob Beichtgespräch, Bußfeier, Beichte oder andere „sündenvergebende" Werke wie Lesen der Hl. Schrift, Gebet, gute Taten: Gott vergibt immer – auch wenn bei „schwerer Sünde" das Bußsakrament verpflichtend bleibt. Soll mich aber die Vergebung erreichen, dann hängt das davon ab, ob ich die Vergebung Gottes weitergebe. Wer also die Vaterunser-Bitte „Vergib uns unsere Schuld, *wie auch wir* vergeben unseren Schuldigern" nicht ernst nimmt und die Vergebung nicht weitergibt, der erlangt weder durch Lossprechung noch durch eine Bußfeier die Verzeihung seiner Schuld. Darum klingt diese Forderung in den folgenden Bußfeiern immer wieder an.

3. Gewissensbildung und die Sinnfrage ansprechen

Wer Jugendliche beobachtet, kann bemerken: Viele stellen die eigentliche Sinnfrage (noch) nicht. Es genügt ihnen, möglichst intensiv zu leben. Man darf hier nicht verallgemeinern: Ein Teil der Jugend wächst sicher sensibler und gewissenhafter auf als früher, aber ein größerer Teil, so scheint mir, lebt in den Tag hinein und zeigt eine wachsende Gewaltbereitschaft, die bisweilen einen erschreckenden Werteverfall offenbart. Was Jugendliche vorzeigen, wird in Kindern angelegt. Darum versuchen die vorliegenden Feiern, das Gewissen zu bilden und zu schärfen und auf die Frage nach dem Sinn des Lebens christliche Antworten zu geben.

4. Hinweise

Bibelstellen sind nicht immer Ausgangspunkt von Überlegungen, sondern Ziel und Höhepunkte. Oft sind danach auch keine Gewissensfragen mehr nötig: Das Wort Gottes wirkt für sich.
Meine herzliche Bitte:
• Wählen Sie aus der Fülle aus. Weniger ist mehr. Vermeiden Sie Wortüberflutungen, die schon genug Leute zum Abschalten gezwungen haben.
• Sie können die nachfolgenden Bußfeiern auch leicht in Jugendgottesdienste umwandeln, auf einer Sternwallfahrt oder bei Früh- und Spätschichten verwenden. Die Hinführungen im Anhang 1 können Sie auch am Beginn eines jeden Gottesdienstes als Bußakt einsetzen.
• Um die benutzten Kurzgeschichten aus meinen fünf Bänden nicht zu wiederholen, erfolgt jeweils nur eine kurze Inhalts- und Quellenangabe. Titel:
„Kurzgeschichten 1" = Kurzgeschichten 1: 255 Kurzgeschichten für
                                      Gottesdienst, Schule und Gruppe
„Kurzgeschichten 2" = Kurzgeschichten 2: 222 Kurzgeschichten für ...
„Kurzgeschichten 3" = Kurzgeschichten 3: 244 Kurzgeschichten für ...
„Kurzgeschichten 4" = Kurzgeschichten 4: 233 Kurzgeschichten für ...
„Kurzgeschichten 5" = Kurzgeschichten 5: 211 Kurzgeschichten für ...
• Das mit „Troubadour" zitierte Liederbuch „Troubadour für Gott" ist zu beziehen beim Kolping-Bildungswerk, Diözesanverband Würzburg e.V., Postfach 5979, D-97009 Würzburg, Tel. 0931-41 999-0, Fax /41 999-14.
Verwendete Abkürzungen:
Gl = der Gottesdienstleiter oder die Gottesdienstleiterin
Tln = der oder die Teilnehmer und Teilnehmerin/nen
Hoffentlich helfen Ihnen diese Vorschläge weiter. Mich freut es am meisten, wenn Sie Ihrer Phantasie freien Lauf lassen und etwas ganz anderes daraus zaubern...

Willi Hoffsümmer

II. Feiern der Umkehr mit Kindern

1   Neues Licht für unsere Kerzen

(Bußfeier mit Teelichtern)

Vorbereitung
Die brennende Osterkerze steht vor den vielen Stufen eines Altares, auf die sich die Kinder hinsetzen, oder sie steht in der Mitte eines Stuhlkreises. Jedes Kind bekommt ein Teelicht angereicht (evtl. in einem kleinen Tontopf, um sich mit dem heißen Wachs nicht zu verletzen und nichts zu beschmutzen). Ein zusätzliches Teelicht steht noch für den „Lehrer" in der Geschichte bereit und für Gl.

Lied
Kommt herbei, singt dem Herrn ... GL 270
Freunde, ruft in Freude ... (siehe „Troubadour" Nr. 29)

Gebet
Herr, guter Gott. Wir sind hier, um uns in deinem Licht anzusehen. Hilf uns, das Dunkle zu entdecken, das auch durch uns in die Welt gekommen ist, und hilf uns auch dabei, unser Gesicht wieder in deine Sonne zu halten, damit alle Schatten hinter uns fallen. Darum bitten wir ...

Persönliche Begrüßung
(Gl setzt sich in den Kreis und beginnt:)
Ihr wißt: Jesus möchte, daß sich alle Menschen wohl fühlen und es hell ist in der Welt. Dazu möchte ich euch eine Geschichte vorlesen:

GESCHICHTE ALS GEWISSENSERFORSCHUNG

Die Kinder laufen hinter ihrem Religionslehrer zur Kirche hinüber.
„Ich bin gespannt, was er vorhat", sagt Jakob.
„Beichten üben", sagt Rudi. „Meine Mutti hat auch schon mit mir beichten geübt. Auf siebzehn Sünden sind wir gekommen."
„Der Max hält den Rekord", sagt Kathi. „Neunundfünfzig Sünden, aber viele von der gleichen Sorte, natürlich."
Der Lehrer dreht sich um, schaut die Kinder an und seufzt.
„Neunundfünfzig? Höchste Zeit, daß wir uns darüber unterhalten", brummt er.
In der Kirche ist es dämmrig dunkel, nur die Osterkerze brennt. Der Lehrer hat viele kleine Kerzen mitgebracht, für jedes Kind eine. Die Kinder zünden ihre Kerzen an der großen Osterkerze an und stellen sie auf die Stufe vor dem Altar. Der Lehrer setzt sich auf den Teppichboden vor der Stufe. Die Kinder setzen sich zu ihm. Sie sehen den brennenden Kerzen zu – und warten.

(*Gl:* Auch wir zünden jetzt unsere Kerzen an der Osterkerze an. –
Wenn alle mit ihrer brennenden Kerze wieder Platz genommen haben, liest *Gl* weiter:)

„Diese Kerzen da", sagt der Lehrer in die Stille hinein, „was tun die eigentlich?"
„Brennen, kommt mir vor", sagt Rudi. Die Kinder lachen.
„Eine Kerze, die brennt", sagt der Lehrer, „wozu ist die gut?"
„Sie leuchtet", sagt Kathi. „Sie wärmt auch", sagt Jakob.
„Und eine Kerze, die nicht brennt?" fragt der Lehrer.
„Die leuchtet und wärmt nicht", sagt Susi. „Von der hat man nichts. Man muß sie erst anzünden."
„Stellt euch einmal vor, daß wir solche Kerzen sind", sagt der Lehrer.
„Wir haben unser Licht von Jesus bekommen, so wie unsere Kerzen ihr Licht von der Osterkerze bekommen haben. Wir machen unsere Umgebung hell. Wir geben den Menschen rund um uns Licht und Wärme, wenn wir freundlich, gut und hilfsbereit sind."
„Leider sind wir das nicht immer", sagt Rudi.
„Wann geben wir kein Licht und keine Wärme mehr?" fragt der Lehrer.
„Wenn wir bös waren", sagt Susi.
„Wann waren wir denn – bös?" fragt der Lehrer.
„Na – wenn wir gestritten haben zum Beispiel", sagt Max.

„Hm", sagt der Lehrer. „Streiten ist manchmal gut und notwendig."
„Ja, aber gestern hab' ich mit meinem kleinen Bruder gestritten, weil
er das größte Stück Kirschkuchen erwischt hat", sagt Max. „Ich hab'
ihm sein Stück vermiest. Sind eh lauter Wurmkirschen, hab' ich
gesagt. Da hat ihm dann gegraust, und er wollt's nicht essen und hat's
mir gegeben. Das war bös, nicht?"
„Ja", sagt der Lehrer. Er beugt sich vor und bläst eine Kerze aus. Max
erschrickt. „War das meine Kerze?"
„Das war deine Kerze", sagt der Lehrer.
Eine Weile sitzen sie ganz still, dann sagt Kathi: „Ich hab' am Sonntag
meinen Vati gekränkt. Er wollte mit mir spazierengehen, denn allein
macht's ihm keinen Spaß. Aber ich habe gesagt: Geh allein, ich lese
Comics, das ist lustiger als so ein blöder Spaziergang ..." Der Lehrer
bläst die nächste Kerze aus.
„Ich glaub', ich hab' die Kathi geärgert", sagt Jakob. „Ich hab' schon
gewußt, sie will meine neuen Filzstifte ausborgen, aber ich hab'
gewartet, bis sie drum bittet. Ich hab' sie fest bitten lassen ..."
„Oh", sagt Kathi schnell. „Das stimmt, daß ich mich darüber geärgert
habe. Aber nicht so arg, daß du jetzt deine Kerze – " Aber der Lehrer
hat die Kerze schon ausgeblasen.
Jedes Kind kommt an die Reihe. Jedem Kind fällt ein, was es lieber
nicht hätte tun sollen. Manchem fällt auch ein, was es hätte tun
müssen. Eine Kerze nach der anderen wird ausgeblasen.

(*Gl:* Unsere Kerzen brennen noch. Aber jetzt beginnen *wir* mit
unserer Gewissenserforschung – die Geschichte lese ich nachher
weiter. Ihr zählt auf, was heller und was dunkler machen kann: zu
Hause – in der Schule – in der Kirche – in der Freizeit. Wenn dir dabei
einfällt: Ja, ich habe hier und da dafür gesorgt, daß es dunkler wurde,
dann bläst du *deine* Kerze aus. Du brauchst nichts dazu zu sagen. –
*Es ist erstaunlich, was die Kinder jetzt alles aufzählen und wie schnell
alle Kerzen ausgeblasen sind. Wenn zwei Kerzen noch brennen, die des
Lehrers und die von Gl, und die Kinder Genaueres wissen wollen,
kann Gl vertrösten. Zunächst ist es wichtig, auch positiv das aufzählen
zu lassen, was alles heller macht. – Dann liest Gl weiter:*)

Zuletzt brennt nur noch eine kleine Kerze. „Fehlt einer, oder hab' ich
mich verzählt?" fragt der Lehrer.
„Es ist Ihre Kerze", sagt Jakob. „Jetzt sind Sie dran!" Der Lehrer
denkt nach. „Vielleicht wißt ihr etwas, womit ich euch gekränkt
habe", sagt er dann.

„Sie haben uns schon sechsmal versprochen, das Buch von David und Goliat mitzubringen", sagt Kathi. „Aber Sie haben's jedesmal vergessen."

„Hm", sagt der Lehrer. „Aber wenn einer von euch etwas sechsmal vergißt, werd' ich ganz schön grantig! Blast die Kerze aus." Die Kinder blasen die letzte Kerze aus. Nur noch die Osterkerze brennt.

(*Gl:* Nein, meine Kerze brennt noch. Helft ihr mir herauszufinden, was ich falsch mache? Wo ich manchmal die Welt etwas dunkler oder heller mache ...? *[Interessant, was jetzt alles kommt!] Sollte Gl ein/e Heilige/r sein, weil nichts Negatives kommt, dann kann er/sie selbst vorschlagen, warum seine/ihre Kerze gelöscht wird. Gl wiederholt den letzten Satz und fährt mit der Geschichte fort:*)

Nur noch die Osterkerze brennt.

„Schade", brummt Rudi. „Jetzt ist es ziemlich dunkel hier. Und kälter als zuerst."

„Was tun wir jetzt?" fragt der Lehrer. Die Kinder schweigen.

„Wir brauchen neues Licht für unsere Kerzen", sagt der Lehrer. „Zum Glück brennt die Osterkerze. Ein Mensch, dem seine Schuld leid tut, der sie bekennt und um Verzeihung bittet, kann seine Kerze wieder anzünden. Im Sakrament der Buße, bei der Beichte, bekommen wir von Gott neues Licht. Dabei kommt es nicht auf die Zahl der Sünden an, sondern darauf, ob sie uns leid tun.

(Aus: Lene Mayer-Skumanz, Jakob und Katharina, Verlag Kerle, Wien 1995)

Bekenntnis und Lossprechungsbitte
Gl: Darum erheben wir uns jetzt, verneigen uns tief vor Gott (= der Osterkerze) und sprechen gemeinsam: Ich bekenne ...

Wem wirklich leid tut, daß er die Welt dunkler gemacht hat; wer spürt, daß er Gott braucht, damit es wieder heller wird, und wer sich ehrlich vornimmt, alles besser zu machen, zu dem spricht Gott:

Ich erbarme mich deiner. Ich verzeihe dir deine Schuld und spreche dich von ihr los. Ich schenke dir einen neuen Anfang und gebe dir meinen Segen dazu: Im Namen des Vaters und des Sohnes und des Heiligen Geistes. –

Jetzt, da Gott uns die Schuld verziehen hat, bekommen wir neues Licht. So ging ja auch die Geschichte weiter und zu Ende: Alle entzünden ihre Kerzen neu am Licht der Osterkerze. Wir dürfen neu beginnen, Licht in die Welt zu tragen.

Wenn alle Kinder ihre Kerzen wieder entzündet haben, ziehen sie in

Prozession durch die Kirche (= „in die Welt"). Die Prozession endet wieder im Kreis um die Osterkerze. Alle halten ihr Licht der Osterkerzenflamme entgegen und singen: „Du bist das Licht der Welt ..." (siehe „Troubadour" Nr. 59).

Zur Buße beten alle mit ihrem brennenden Teelicht vor einem Kreuz in der Kirche für einen, dem sie weh getan haben, oder nehmen sich etwas Konkretes bezüglich ihres Hauptfehlers vor.

(Die Teelichter dürfen zur Erinnerung mit nach Hause genommen werden.)

2 Ich gebe euch ein Herz von Fleisch

(Bußfeier mit Kieselsteinen und Opferlichtern)

Vorbereitungen
1. Für jede(n) Tln liegen ein Kieselstein und ein Opferlicht bereit.
2. Wir sitzen im Kreis. In der Mitte sind die Umrisse eines kleinen
Kreuzes mit Wolle gelegt. Dahinter steht die brennende Osterkerze.

Lied

Persönliche Begrüßung
(Jeder hält einen Kieselstein in der Hand)

Gebet
Herr, unser Gott. Mit diesem harten Stein in der Hand kann ich
andere treffen, verletzen und ihnen Schmerzen bereiten. Nimm das
von uns weg, was in uns schon versteinert ist – in unseren Herzen und
Gedanken, in unseren Händen und Augen. Schenke uns dafür, was
wieder lebendig macht und barmherzig ist, was Gutes und Schönes
bewirkt. Darum bitten wir durch Christus, unseren Herrn.

GEWISSENSERFORSCHUNG

1. ZU HAUSE
• War ich manchmal so kalt und stur wie ein Stein, wenn ich helfen
sollte; wenn Versöhnung gefragt war? Blieb ich in einer Lüge
verstockt? Lege ich Geschwistern Steine in den Weg? Zeigte ich ein
kaltes, verächtliches Lächeln, wenn mir einer eine neue Chance bieten
wollte? –
Habe ich zu einer guten Atmosphäre zu Hause beigetragen? Habe ich
mich angeboten, einen Dienst an der Gemeinschaft zu übernehmen?
Habe ich abends keine große Szene gemacht, wenn Schluß sein sollte?
Stille

2. SCHULE
• Verletze ich andere durch spitze Worte wie „Asi", „Spasti" ... wie
mit Steinen, oder bin ich freundlich zu allen, auch zu denen, neben

denen keiner sitzen will? Habe ich auf die LehrerInnen wie mit Steinen geworfen, indem ich etwas falsch oder übertrieben weitererzählt habe, oder bleibe ich bei der Wahrheit? Habe ich auf dem Schulhof andere kalt und hart ausgeschlossen, oder habe ich bei dem Herumgerenne Rücksicht auf Kleinere und Schwächere genommen?

Lied

3. KIRCHE
• Bin ich in der Kirche wie ein toter Stein, der weder zuhört noch mitmacht und gelangweilt herumsitzt? Kann sich jeder auf mich im Dienst als Ministrant/Ministrantin ... verlassen? Wenn ich zum Sonntagsgottesdienst oder zur Schulmesse gehen soll, baue ich Mauern von Ausreden um mich herum auf, wie zum Beispiel: „Mir ist schlecht", „ich muß noch arbeiten" ... – nur, um nicht gehen zu müssen? Oder trage ich dazu bei, daß auch durch mich Gemeinschaft spürbar wird?

Stille

4. DRAUSSEN
Ist mein Herz hart wie Stein, wenn ich teilen soll – meine Zeit, meine Süßigkeiten, mein Spielzeug? Oder habe ich mir die Heiligen Martin und Nikolaus oder Elisabeth und Maria zum Vorbild genommen, die „ja" sagten, wenn sie gefragt waren? Habe ich mit den hungrigen Kindern geteilt, oder laufe ich an meinem Opferkästchen gerne vorbei? Sage ich auf dem Spielplatz oder im Verein Worte, die verletzen, oder Worte, die aufrichten und Mut machen? Habe ich anderen Stolpersteine hingelegt oder – ihnen Steine aus dem Wege geräumt? Gibt es hier oder draußen jemand, dem oder der ich wie ein Stein im Magen liege?

Stille

Schuldbekenntnis
Ich bekenne ...
Nun legen wir unsere Steine in das angedeutete Kreuz: Jedem, der bereut und sich vornimmt, es besser zu machen, dem nimmt Jesus die Schuld ab. Sie ist vergeben. Ich kann erleichtert neu anfangen.

Schriftstellen

In der Hl. Schrift steht das Wort des Propheten Ezechiel: Gott spricht: „Ich nehme das Herz von Stein aus eurer Brust und gebe euch ein Herz von Fleisch!" (Ez 36,26).

Gott hat unsere Steine angenommen, er möchte uns jetzt ein Herz aus Fleisch geben, d.h. ein lebendiges Herz, ein frohes, helles Herz, das verzeihen kann und barmherzig ist. Als Symbol dafür nimmt sich jetzt jeder ein Opferlicht und entzündet es an der Osterkerze, die ja für den auferstandenen Jesus Christus vor uns steht. Dann stellt ihr euer brennendes Licht an das Kreuz mit den Steinen, bis es ganz eingerahmt ist. *(Zuschauen; wenn jetzt abgedunkelt werden kann, entsteht ein geheimnisvolles, verklärendes Leuchten, das auch die Steine im Kreuz „weicher" macht. – Wenn alle wieder sitzen:)*

Ich möchte euch erzählen, was für ein Herz Jesus hatte:

Mt 9,1–8 (Heilung des Gelähmten: Zuerst wird das „Herz" geheilt).

Oder: Lk 15,4–7 (Jesus geht dem verlorenen Schaf nach); oder: Was für ein Herz der Vater im Himmel hat: Lk 15,11–32 (Der verlorene Sohn).

Oder aus „Kurzgeschichten 1", Nr. 124: Die beiden Brüder,

oder aus „Kurzgeschichten 3", Nr. 225: Nikolaus und der Kaufmann mit dem steinernen Herz.

Wir nehmen jetzt vorsichtig (Wachs!) unsere Lichter und halten sie dem Licht der Osterkerze entgegen.

Gebet

Herr, laß mich leuchten, da wo ich stehe – zu Hause, in der Schule, in der Kirche und überall draußen. Schenke mir ein Herz, das weich werden kann wie Wachs, das Wärme ausstrahlt und liebevoll ist. Seit der Taufe trage ich dein Licht in mir: Laß es hell und strahlend in mir werden und Wärme verbreiten – wie jetzt. Darum bitten wir durch Christus, unseren Herrn.

Segen

Buße

Alle tragen ihr Licht an eine Stelle der Kirche – vor ein Kreuz oder ein Marienbild – und beten für einen, der mehr harte Steine als ein Herz voll Liebe zu spüren bekommt. *(Die Kinder können das Licht dort stehen lassen oder es mit nach Hause nehmen, um sich zu erinnern.)*

3 Verläßlich sein, weil wir uns fest verlassen können

(Bußfeier mit Schrauben)

Vorbereitungen
1. *Für jede(n) Tln liegt eine Schraube bereit, auf die schon die „Mutter" geschraubt ist. Darüber hinaus werden noch ca. 100 Schrauben (mit Muttern) benötigt, aus denen vor Beginn der Bußfeier die bereits anwesenden Kinder die Umrisse eines Segelbootes legen. Auf das Segel kann ein Kreuz aus Schrauben gelegt werden.*
2. *Ein einfarbiges (Tisch-)Tuch in entsprechender Größe, worauf das Schiff gelegt wird. Dahinter steht die brennende Osterkerze.*
3. *Nach Möglichkeit stehen um das Tuch mit dem gelegten Segelschiff die Stühle im Kreis.*

Lied
Freunde, ruft in Freude ...(siehe „Troubadour" Nr. 29)
oder: Wo zwei oder drei ... (siehe „Troubadour" Nr. 128)

Persönliche Begrüßung

Gebet
Herr, unser Gott. Manchmal bekommen Menschen Angst. Auch, weil sie sich auf einen anderen nicht richtig verlassen konnten. Wir sind jetzt hier und wissen, du bist in unserer Mitte. Auf dich können wir uns verlassen. So schenke uns jetzt neues Vertrauen und Freude. Darum bitten wir durch Christus, unseren Herrn.

GEWISSENSERFORSCHUNG – MEDITATION

1. SICH AUF GOTT/JESUS VERLASSEN KÖNNEN
Ihr seht auf dem Tuch ein Schiff. Danke an N.N., die es gelegt haben. Könnt ihr euch an Stellen in der Hl. Schrift erinnern, in denen ein Schiff eine Rolle spielt?
(Arche Noach – Rettung für alle: Gen 7 u. 8. / Jesus stillt den Sturm: Mt 8,23–27. / Jesus geht über das Wasser; Petrus steigt aus dem Boot

und geht erst unter, als er Jesus nicht mehr vertraut: Mt 14,22–33. –
Die Kinder erzählen lassen und das Wichtigste herausarbeiten.)
Diese Geschichten um das Boot/Schiff sagen aus: Wir können Gott/
Jesus vertrauen. Wir können uns ganz auf ihn verlassen. Deshalb sind
die Kirchen auch als Schiffsbauten gedacht. Wir sagen ja auch: Das
Hauptschiff, die Seitenschiffe. Manchmal ist eine Kirche auch
äußerlich unübersehbar wie ein Schiff gebaut. Auf diesem Schiff sind
wir in allen Lebensstürmen von Gott geschützt. Wenn wir ihm von
ganzem Herzen vertrauen, brauchen wir nie unterzugehen. Wir
dürfen uns auf Gott ganz verlassen.

Lied
Ein Schiff, das sich Gemeinde nennt ..., besonders Strophe 3: Im Schiff
muß eine Mannschaft sein ... (siehe „Troubadour" Nr. 22).

Im Schiff muß eine Mannschaft sein, eine Gemeinschaft, auf die man
sich verlassen kann. Weil wir uns auf Jesus verlassen können, können
auch wir verläßlich sein. Von dieser Zuverlässigkeit hören wir in einer
Geschichte:
Eine kleine Schraube sitzt in einem riesigen Panzerschiff mit tausend
anderen Schrauben und hält zwei Stahlplatten zusammen. Eines
Tages sagt die Schraube: „Ich will es mir ein bißchen bequem machen,
etwas lockerer werden; das ist ja meine eigene Sache und geht
niemand etwas an!"
Aber als die anderen Schrauben hören, daß da eine etwas locker
werden will, da protestieren sie und rufen: „Bist du verrückt? Wenn
du herausfällst, dann wird es nicht lange dauern, bis auch wir
herausfallen."
Zwei größere eiserne Rippen des Schiffsrumpfes schlagen auch Alarm:
„Um Gottes willen, haltet die Platten zusammen, denn sonst ist es
auch um uns geschehen!"
In Windeseile geht das Gerücht durch das ganze Schiff: „Die kleine
Schraube hat was Schlimmes vor!" Alle sind entsetzt. Der riesige
Körper des Schiffes ächzt und bebt in allen Fugen. Und alle Rippen,
Platten und Schrauben senden eine gemeinsame Botschaft an die
kleine Schraube und bitten sie, nur ja an ihrer Stelle zu bleiben, sonst
werde das ganze Schiff untergehen, und keiner werde den Hafen
erreichen.
Jetzt ist euch sicherlich klar, warum heute überall die Schrauben
vorkommen, auch in eurer Hand: ... Ja, Christen müssen verläßlich

sein. Wenn ich fest auf Gott/Jesus vertraue, dann kann ich überall „fest sitzen", wo ich lebe.

2. BIN ICH VERLÄSSLICH?

Wir sprechen jetzt gemeinsam über folgende Lebensbereiche: mein Lebensboot – das *Haus*schiff – das *Schul*schiff – das „*Kirchen*schiff" (bin ich als MinistrantIn zuverlässig? Drücke ich mich, wenn mich jemand um Aushilfe im Dienst bittet?) – „Schiff der Welt" (= Umwelt, Vereine, Freizeit, Eine Welt). – Immer wieder erfragen: Was läßt Gemeinschaft auseinanderfallen, was hält sie zusammen? Dabei kommt es nicht darauf an, ob ich als Schraube groß oder klein, aus Holz, Stahl oder Messing bestehe, sondern daß ich fest sitze. Bin ich unzuverlässig, dann kann niemand auf mich bauen, dann nützen die tollsten Eigenschaften (z.b. „Messing") nur recht wenig!
(Bitte darauf achten, daß auch positive Beispiele genannt werden.)
Wir erinnern uns, daß wir auf dem Schiff keine Angst zu haben brauchen, weil wir uns auf Jesus verlassen können. Darum singen wir das
Lied: Was seid ihr ängstlich und klaget (Lesungslied aus der Messe „Alle in einem Boot", Schildberger Sing- und Spielschar; Hans-Georg Pappe, Lohscheidt 9, D-45468 Mülheim, Tel. 0208-390386)

Schuldbekenntnis – Lossprechungsbitte
Stille (ca. eine Minute) für einen konkreten Vorsatz, an welcher Stelle ich verläßlicher werden will.

Vaterunser
Wir halten uns an den Händen = Wir möchten die Vergebung weiterschenken an unsere „Schuldner". Es ist wie mit der Lichterkette am Christbaum (*oder:* dem geschmückten Passagierdampfer auf Kreuzfahrt): Wenn ein Birnchen ausgedreht wird, verlöschen alle. Darum heißt es im Vaterunser, damit Vergebung weitergegeben wird: „Vergib uns unsere Schuld, wie auch wir vergeben unseren Schuldnern." – Danach geben wir uns den Friedensgruß, d.h., da wir uns noch an den Händen halten, suchen wir mit den Augen diejenigen im Kreis, denen wir noch verzeihend oder aufmunternd zunicken, damit der Friede sich ausbreiten kann.
(Danach erst:) Der Friede Christi sei allezeit mit euch!

Aktion

Nimm die Schraube mit nach Hause, und lege sie noch eine Zeitlang gut sichtbar auf deinen Arbeitstisch. Erinnere dich dabei an deinen Vorsatz!

Segen

Schlußlied

Es gibt ein Adventslied, in dem von einem Schiff die Rede ist, auf dem Jesus uns entgegenfährt: Es kommt ein Schiff, geladen ... GL 114.

4 Er nimmt die Schuld von uns

(Bußfeier mit Schuldscheinen)

Hinweis
Nach einer Idee bei Herbert Kaefer, Aktion und Feier der Buße, Herder Verlag, Freiburg 1981, S. 7–13.

Vorbereitungen
Diese Bußfeier erfordert relativ viel Vorbereitung; dafür ist sie aber auch sehr eindrucksvoll.
1. *Es steht ein Holzkreuz mit einigen eingeschlagenen Nägeln bereit, an die später die „Schuldscheine" geheftet werden.*
2. *Kleine Zettel aus saugfähigem, also holzhaltigem, einfachem Kopierpapier (weil leicht brennbar) für alle.*
3. *Filzstifte zum Aufschreiben der Unterlassungen und der Schuld.*
4. *Die Osterkerze.*

(Die Kinder stehen rund um die brennende Osterkerze. Jedes hat einen kleinen Zettel und einen Stift.)

Lied – Persönliche Begrüßung

Gebet
Herr Jesus Christus! Dem lahmen Mann, den die Freunde durch die Decke eines Hauses hinunterließen, hast du zuerst die Sünden verziehen, dann den Leib geheilt. Darum kommen wir zu dir: Heile uns bis ins Herz von allem, was wir falsch gemacht oder unterlassen haben. Darum bitten wir durch Christus, unseren Herrn.
(Alle setzen sich)

GEWISSENSERFORSCHUNG – MEDITATION
(Bitte auswählen und mit Liedern/Liedrufen unterbrechen)

Ihr nehmt bitte den Filzstift und schreibt in Geheimzeichen auf euren Zettel, was euch bei meinen Fragen einfällt. Weil ihr eure Schuld und Unterlassungen aufschreibt, nennen wir euren Zettel „Schuldschein".

1. ZU HAUSE

• Sorge ich durch Freundlichkeit für ein gutes Klima – auch im Haus und in der Nachbarschaft? Fühle ich mich verantwortlich für meine Geschwister? Habe ich Geduld mit ihnen? Bin ich manchmal ein Spielverderber? Kann ich beim Essen warten? Biete ich meine Mithilfe an, wenn die Dienste verteilt werden? Gehe ich sparsam mit dem Taschengeld um? Kann ich davon für einen guten Zweck ... abgeben? Wähle ich Fernsehsendungen aus, oder sehe ich wahllos alles? Halte ich meinen Körper sauber und gesund? Bin ich schnell bereit, mich zu versöhnen?

2. SCHULE

• Habe ich gemeine Worte gebraucht, die weh tun sollten? Habe ich immer die Wahrheit gesagt? Habe ich darauf geachtet, nichts zu beschädigen? Haben mich schlechte Noten sehr lange mutlos ge-macht?* Habe ich mich darüber gefreut, daß andere schlechter waren? Versuche ich, andere zu ändern, indem ich gut zu ihnen bin? Konzentriere ich mich bei den Hausaufgaben und lasse mich nicht durch jede Kleinigkeit ablenken?

3. KIRCHE

• Habe ich Gott und Jesus wie Luft behandelt – als wenn es sie nicht gäbe? War der Religionsunterricht vielleicht deshalb langweilig, weil ich nicht bereit war, mitzumachen? Habe ich Interesse am Gottes-dienst gezeigt, oder bin ich nicht hingegangen? Habe ich mitgebetet und gesungen, um im Gottesdienst ein gutes Miteinander spürbar zu machen? Bete ich auch einmal für die anderen – die Kranken und Verstorbenen, die Unfallopfer und Sterbenden?

4. IN DER FREIZEIT

• Bin ich auf diejenigen zugegangen, die alleine standen oder wein-ten? Habe ich an anderen rumgemeckert, nur, um selbst als der Bessere dazustehen? War ich höflich? Habe ich mich und andere auf der Straße gefährdet? Imponieren mir schmutzige Witze oder wenn welche Gewalt anwenden? Habe ich mich in der Wut gehenlassen? Gehe ich verantwortungsvoll mit Tieren und Pflanzen um? Zeige ich Geduld mit alten Menschen und Jüngeren, die vielleicht etwas nicht

---

* Hier trifft die Eltern die größere Schuld.

sofort verstehen? Kann ich teilen? Habe ich mich verführen lassen, zu stehlen oder zu schlagen?
Ergänze hier, was dir *noch* einfällt ...

Schuldbekenntnis und Verbrennen der Schuldscheine
Wir bekennen jetzt voreinander, daß es uns leid tut, manches falsch gemacht zu haben: Ich bekenne ...
Wir tauschen die Schuldscheine untereinander aus: Wenn wir ein gutes Miteinander wieder möglich machen wollen, müssen wir auch die Fehler und die Schuld der anderen annehmen.
Kommt jetzt und heftet die Schuldscheine auf die Nägel an diesem Kreuz *(Gl hält es den Kindern entgegen)!*
Weil Jesus am Kreuz unsere Schuld durchgestrichen, weggenommen, getilgt hat (siehe Kol 2,13b.14), nimmt jetzt der Größte unter euch vorsichtig(!) die Osterkerze vom Leuchter und entzündet damit alle Schuldscheine. Ihr braucht keine Angst zu bekommen, daß jetzt die Kirche abbrennt, denn die Zettel verschmoren nur an den Nägeln. Aber die Schuld kann danach keiner mehr lesen. Die Schuld ist weggenommen, getilgt. Seht ihr, wie die Flammen die Zettel verbrennen, verzehren läßt? Wir erspüren jetzt, warum Jesus am Kreuz starb: Er hat so die Schuld aller Menschen durchgestrichen.
Liedruf: Er rettet dich, er rettet mich ... (siehe „Troubadour" Nr. 23)

Vergebungsbitte
Nun darf ich im Namen Jesu sprechen: Der mächtige Gott erbarme sich unser. Er lasse uns die Sünden nach und führe uns zum ewigen Leben. + Nachlaß, Vergebung und Verzeihung unserer Sünden schenke uns der allmächtige und barmherzige Herr.

Versöhnungsbereitschaft
Jetzt könnten wir nach einem Danklied ruhig auseinandergehen, wenn es da nicht einen bestimmten Satz im Vaterunser gäbe. Wir beten es zunächst einmal gemeinsam: Vater unser ...
Da hieß es: „Vergib uns unsere Schuld, wie auch wir vergeben unseren Schuldigern ...", also denen, die uns gegenüber Schuld auf sich geladen haben. Gott kann also nur dem wirklich vergeben, der Seine Güte und Liebe auch weiterschenken will, sogar an seinen Feind und Widersacher. Können wir das? Versuchen wir es wenigstens?
Dann gehen wir nach dem Segen und Schlußlied auseinander:

Buße

Jede/r sucht in der Kirche ein Kreuz, stellt sich davor und spricht ein Gebet für den, den er am wenigsten leiden kann. Vielleicht nimmt er sich auch noch für diesen Menschen etwas Gutes vor, denn wie lautet die Goldene Regel?

„Alles, was du von anderen erwartest, das tu zuerst ihnen!" (Mt 7,12).

Segen

Schlußlied

(Vgl. die Bußfeier für Erwachsene mit den gleichen Symbolen in Willi Hoffsümmer, 3 x 7 Bußfeiern, Mainz 1991, Nr. 12)

5   Ich bin das Licht – ihr seid das Licht

(Bußfeier mit Sonne und Sonnenstrahlen)

Vorbereitungen
1. *Jedes Kind bekommt einen Sonnenstrahl, der von beiden Seiten gelb ist, und einen Filzstift mit dunkler Farbe.*
2. *Eine Sonnenscheibe liegt mitten im Kreis der Kinder.*
3. *Eine Krippe wird bereitgehalten, die später auf die Sonne gestellt wird.*

(Alle stehen um die Sonne, die in der Mitte liegt.)

Lied – Persönliche Begrüßung

GEWISSENSERFORSCHUNG – MEDITATION

1. OHNE SONNE KEIN LEBEN
Wir schauen auf die Sonne in unserer Mitte. Ohne sie gäbe es kein Leben auf der Erde. Alles wäre ein Eispanzer – durch nichts zu sprengen. Ohne die Liebe deiner Eltern – sie ist ja auch wie eine Sonne –, könntest du nicht leben: Du würdest „erfrieren". Wichtig ist auch die Sympathie deiner Lehrer und Lehrerinnen, die Nähe deiner Kameraden und Kameradinnen ...
Es gibt also große und kleine Sonnen, die dich wärmen und beleben.

Gebet
Danke, Vater im Himmel, für die Liebe, die ich durch meine Eltern erfahre und durch so viele, die mir begegnen und mit mir leben. Danke, daß es Menschen gibt, die mir auch verzeihen, wenn ich etwas falsch gemacht habe. Ich danke besonders dir, weil du die größte Sonne bist. Denn du liebst alle Menschen und nimmst alle so an, wie sie sind. Das muß schon eine unendlich große Sonne sein, die das kann. Danke, daß diese Sonne in deinem Sohn für uns Menschen aufgeleuchtet ist. Damals, mitten im kalten Winter, und immer wieder, wenn Menschen innerlich frieren.
Hilf mir, mich jetzt deiner Sonne ganz zuzuwenden, damit alles Kalte und Böse aus meinem Herzen und aus meinem Kopf vertrieben wird.

Darum bitte ich, darum bitten wir, durch Christus, unseren Herrn.
Lied: Gottes Liebe ist wie die Sonne ... (siehe „Troubadour" Nr. 4)

2. SONNENSTRAHLEN SEIN

Nehmt bitte euren Sonnenstrahl und teilt ihn mit dem dunklen Stift in fünf Abschnitte. In die ersten vier Felder schreibt die Begriffe, wie wir sie kennen: zu Hause, Schule, Kirche, draußen. Zum fünften Feld sage ich gleich etwas. Alles natürlich in Geheimschrift! Nun helft mir, die Schuld oder Unterlassungen zu finden ... Wem dabei etwas einfällt, der schreibt es ins vorgesehene Feld.

• Zu Hause: Was macht das Miteinander dunkler – was heller?
(Die Kinder erzählen lassen; dabei darauf achten, daß auch das Positive genannt wird; ähnlich:)
• Schule,
• Kirche,
• draußen.

Und jetzt schreibe noch ins fünfte Feld, was dich am meisten belastet oder daran hindert zu leuchten.

Stille

Nun legt eure Strahlen an die Sonne *(zuschauen)*!
Seht, wie hell leuchtend die Sonne ist! Jesus hat gesagt: „Ich bin das Licht" (Joh 8,12). Aber er hat auch gesagt: „Ihr seid das Licht" (Mt 5,14–16)!
Aber da sind ja eine Menge dunkler Töne auf euren Sonnenstrahlen! Eure Leuchtkraft ist stark vermindert. Tut es euch leid, weil alles viel heller leuchten könnte: zu Hause, in der Schule ...? Dann laßt uns das Schuldbekenntnis sprechen.

Schuldbekenntnis – Vergebungsbitte
Die Sonne der Vergebung Gottes brennt eure Sünde und Schuld hinweg! Wer sagt: „Es tut mir von Herzen leid", wer den Schaden wiedergutmachen will, wer den Willen zu einem guten Vorsatz und Neuanfang hat, der darf bei Gott auch neu anfangen.
Als Zeichen für die Vergebung Gottes dreht jetzt alle eure Sonnenstrahlen um: Seht, wie die Sonne nun leuchtet!
Jesus sagt: „Ich bin das Licht", und er sagt: „Ihr seid das Licht!"
Darum singen wir:
Lied: Du bist das Licht der Welt ... (siehe „Troubadour" Nr. 59)

3. JESUS – DIE SONNE, DIE AN WEIHNACHTEN AUFLEUCHTET

Ich stelle die (noch leere) Krippe in die Sonne. Die längsten Nächte sind um Weihnachten. In der Zeit wurde früher bei den noch nicht christlichen Völkern die Sonnenwende gefeiert: Die Dunkelheit mit den langen Nächten ist besiegt, die Sonne gewinnt wieder an Kraft und vertreibt langsam die Kälte. Auf dieses Fest haben die Christen Weihnachten gelegt und gesagt: „Jesus ist unsere Sonne, die alle Finsternis um uns und in uns besiegt." Er kann auch die Kälte und den Haß zwischen uns vertreiben, wenn wir nur wollen.
(Hier eventuell aus „Kurzgeschichten 1", Nr. 1: Das Licht ist immer stärker als die Finsternis ...)
Wir gehören seit der Taufe zu denen, die das möchten. Darum sage ich euch: Geht hinaus, ihr Sonnenstrahlen, und bringt Wärme und Herzlichkeit nach Hause und überall hin! Dazu gebe ich euch den Segen.

Segen

Aktion
Überlege dir eine Buße, eine Wiedergutmachung! *Ein* fester Vorsatz genügt! Anschließend nimm deinen Sonnenstrahl mit nach Hause, und erinnere dich bei seinem Anblick an diese Stunde.

Danklied
O Heiland, reiß die Himmel auf, bes. Strophe 5: O klare Sonn ... GL 105
O Komm, o komm, Immanuel, bes. 2. Strophe: O komm, du wahres Licht der Welt ... GL (Diözesananhang des Erzbistums Köln) 829.

6 Mit Jesus heraus aus der Sackgasse

(Bußfeier mit „Umkehrmarken")

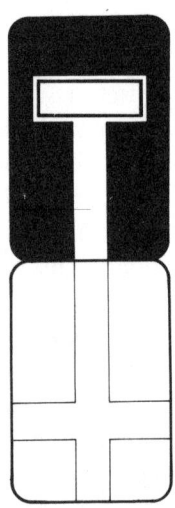

Hinweis

Die Idee dazu von Rolf Busemann fand ich in Karlheinz Buhleier, Materialbuch „Erstkommunion", Matthias-Grünewald-Verlag, Mainz [2]1994, S. 57/62.

Vorbereitungen

1. *Entsprechend der zu erwartenden Teilnehmerzahl sind „Umkehrmarken" gebastelt worden: Sie zeigen auf der einen Seite das Sackgassenschild, auf der anderen Seite das Kreuz.*
2. *Ein größeres gemaltes Sackgassenschild und ein Holzkreuz, das mit seinem Schaft ungefähr in die Straße der Sackgasse paßt.*

Lied

Weil du ja zu mir sagst... (siehe „Troubadour" Nr. 76)
Wo zwei oder drei ... (siehe „Troubadour" Nr. 128)

Persönliche Begrüßung

(Alle Umkehrmarken liegen mit der Sackgassenseite in der Mitte des Kreises)

Hinführung

Stellt euch vor, ein 400-PS-Lastzug mit 35 Tonnen (das ist das Gewicht von 35 VW-Golfs!) hat dieses Schild übersehen und fährt sich nun in der Sackgasse fest. Da fällt es dem Fahrer sehr schwer, umzukehren. Glücklicherweise hilft ihm ein aufmerksamer Fußgänger mit entsprechenden Winken. Danach kann der Fahrer erleichtert aufatmen und dankbar weiterfahren.

Gebet

Herr, unser Gott. Manchmal manövrieren wir uns auch in eine Sackgasse. Einmal gelogen – und wir versuchen es mit noch ein paar Lügen, bis wir uns richtig festgefahren haben. – In der Schule nicht aufgepaßt oder es mit Pfuschen versucht – und wir erhalten bald die Quittung.

Wir bitten dich, wenn jetzt jeder über seine Sackgasse nachdenkt: Hilf uns wie dieser freundliche Fußgänger beim Hinausmanövrieren! Und schenke uns einen neuen Anfang! Darum bitten wir durch Christus, unseren Herrn.

GEWISSENSERFORSCHUNG – MEDITATION

Es entsteht immer eine bedrückende Atmosphäre, wenn wir uns in einer Sackgasse festgefahren haben. Wir überlegen:

1. ZU HAUSE

• Habe ich versucht, zu Hause mitanzupacken, oder herrscht dort manchmal eine miese Atmosphäre, eine Sackgasse, weil ich mich vor Gemeinschaftsaufgaben drücke? War ich nachgiebig, wenn mir meine Geschwister „auf den Geist" gingen? Habe ich offen und ehrlich zu meinen Fehlern gestanden?

2. SCHULE

• Warum trödele ich bei meinen Schulaufgaben? Was kann ich tun, um konzentrierter zu arbeiten? Warum habe ich einige Arbeiten verbaut? War ich faul oder überfordert? Müßte ich den Eltern sagen: Die Schule ist eine Nummer zu groß für mich; treibt mich nicht so, sie ist schon ein Schatten über mir!? Warum rede ich manchmal schlecht über Mitschülerinnen und Mitschüler, über Lehrerinnen und Lehrer: Möchte ich selbst der „King" sein?

Wenn die Schule für dich wie eine Sackgasse ist, weiß ich einen Weg, hinauszukommen:

Lied: In Sorgen schau ich auf zu dir (siehe „Troubadour" Nr. 251)

3. KIRCHE

Sage ich alles Gott und Jesus, die ja meine Freunde sein wollen? Rede ich beim Beten nur gedankenlos vor mich hin? Warum träume ich so oft im Gottesdienst? Bin ich nur ungern hingegangen? Wenn ich geschwänzt habe: Denke ich an die anderen, die ohne mich weniger

Gemeinschaft erfahren? Wenn Gebet und Gott für mich wie eine „Sackgasse" sind: Was kann ich tun, um hier etwas zu ändern?

4. DRAUSSEN

• Viele begegnen mir, auf die ich mich verlassen kann: Eltern, Lehrer und Lehrerinnen, mein Freund/meine Freundin ... Kann man sich auch auf mich verlassen? Halte ich in der Mannschaft durch, auch wenn sie auf der Verliererstraße steht? Möchte ich immer „der oder die Größte" sein? Lüge ich manchmal bei meiner Angeberei? Lache ich über andere, die Fehler machen oder wie in einer Sackgasse stehen? Oder spreche ich ihnen Mut zu? Habe ich Mitleid mit all den hungernden und kranken Kindern in der ganzen Welt? Teile ich mit ihnen von meinem Überfluß?

Lied: Was ihr dem geringsten Menschen tut ... GL 619

oder: Hilf, Herr meines Lebens ... GL 622

Gl: Jesus ist mehr als der freundliche, hilfsbereite Fußgänger. Er hat sich ans Kreuz nageln lassen, um für uns der Weg zum Vater zu werden. *(Gl legt das Kreuz so in das Sackgassenschild, daß der Schaft auf der Straße liegt und die Kreuzbalken hinausführen.)*

Versteht die Sprache des Kreuzes! Jesus sagt: „Geh mit mir auf meinem Weg. Folge mir nach!" Der *Längsbalken* des Kreuzes drückt aus: Die wichtigsten Dinge im Leben kannst du nicht kaufen. Vertraue mir! Suche mich hinter den tausend Dingen, die dir den Blick verstellen können! Der *Querbalken* will sagen: Schau nach rechts und links! Überall Menschen, die deine Freundlichkeit brauchen; denen du deine Liebe schenken kannst; mit denen du dich versöhnen kannst, wenn etwas schiefgelaufen ist; damit kein Kleinkrieg ausbricht, der das Miteinander zur Sackgasse werden läßt. Wir schauen voll Hoffnung auf das Kreuz und singen:

Lied: Ihr Freunde laßt euch sagen ... (Impulse-Verlag, Drensteinfurt)

Schuldbekenntnis

Wir bekennen jetzt vor diesem Kreuz unsere Schuld und beten: Ich bekenne ...

Vergebungsbitte

Vaterunser

Wir verbinden uns beim Vaterunser untereinander und reichen uns die Hände, um auch nach außen zu zeigen: Wir wollen miteinander gehen und uns gegenseitig aus eventuellen Sackgassen heraushelfen.

34

Zum Friedensgruß
Das Kreuz Jesu ist das wichtigste Verkehrszeichen der Christen. In Jesus können wir uns immer wieder versöhnen. (Wir heben die Hände hoch:) Der Friede Christi sei mit euch!
Alle: Und auch mit dir!
(Jetzt dreht einer alle Umkehrplaketten um: Das Kreuz wird sichtbar. – Wir schauen zu. Gl kann dabei ab und zu einen wichtigen Satz aus dieser Feier wiederholen.)

Aktion
Nehmt euch eine Umkehrplakette als Andenken mit! Die Buße lautet: Schau ein paar Tage lang beim Abendgebet die Plakettenansicht der Sackgasse an, und frage dich: Wo bin ich heute in einer Sackgasse gelandet? Was habe ich heute falsch gemacht? – Dann drehe die Plakette um, schau auf das Kreuz und frage dich: „Was würde Jesus jetzt tun? Was kann *ich* davon tun – auch auf andere hin?" Das Kreuz wird dir dadurch zum Wegweiser.

Segen

Schlußlied
Eines Tages kam einer ... (siehe „Troubadour" Nr. 200)
O Haupt voll Blut und Wunden ... GL 179, 1. + 2. Strophe.

7   Ihr seid ein Brief Christi

(Bußfeier mit einem Briefumschlag und einer Karte)

Vorbereitungen
Jedes Kind erhält zu Beginn einen Briefumschlag, auf dem steht: „Ihr seid ein Brief Christi" (2 Kor 3,3). Darin steckt eine Karte mit der Aufschrift „Du bist von Gott geliebt" (Kol 3,12) oder „Ich habe dich in meine Hand geschrieben" (Jes 49,16) oder „Ich bin bei euch alle Tage" (Mt 28,20).

Vorbemerkung
In den offenen Brief noch nicht hineinsehen!

Lied – Persönliche Begrüßung

Gebet
Herr, wir alle freuen uns über Post. Nein, nicht über eine unpersönliche Postwurfsendung; nicht über eine Nachnahme, bei der wir vor Erhalt erst bezahlen müssen; nicht über eine Rechnung; nein, wir freuen uns über einen persönlichen Brief und genießen jede Zeile. Laßt uns heute über den Brief nachdenken, der wir selbst sein können. Denn wir alle sind Briefe Christi, Empfehlungsschreiben des Sohnes Gottes, der mit dir lebt und herrscht in alle Ewigkeit.

Hinführung
Zunächst erzählen einige, wie wichtig ihnen schon einmal ein Brief war ...

GEWISSENSERFORSCHUNG – MEDITATION

1. Jesus ist wie ein Brief von Gott. Jesus, der auch das „Wort von Gott" genannt wird. Diesen Brief dürfen alle lesen. Er steht in der Bibel Zeile für Zeile beschrieben.
   • Lese ich in der Bibel? Ist mir das Heilige Buch unwichtig geworden? Warum?

2. Jesus sandte seine Jünger aus (damals durch die Städte und Dörfer, z.B. Mt 9,35–10,8, dann in alle Welt, Mt 28,19), Boten

seiner Frohbotschaft zu sein. Nicht zufällig bestehen die 27 Schriften des Neuen Testamentes aus 21 Briefen. Auch der Name Apostel verrät: Ihr seid meine Post-Boten der Frohbotschaft. Das haben nicht nur die Apostel, sondern auch später die Heiligen überzeugend vorgelebt.

Damals schrieb Paulus in seinem zweiten Brief an die Korinther das, was wir auf unserem Briefumschlag stehen haben: „Ihr seid ein Brief Christi!" (2 Kor 3,3). Nicht nur auf Papier geschrieben, nein, mitten ins Herz. Denn Papier kann ich zerknüllen und wegwerfen. Wenn es mir aber eine Herzenssache wird, ein Anliegen des Herzens, dann strahlt es aus und wirkt weiter.

Wir öffnen jetzt die Briefe und lesen die Frohe Botschaft.

• Ist es mir wichtig, die Frohe Botschaft von Jesus weiterzutragen und zu verbreiten: „Gott liebt jeden Menschen"? *(Jetzt den entsprechenden Spruch noch weiter ausdeuten, der in den Briefen steckt. Siehe unter „Vorbereitungen"; es kann auch kurz auf die anderen Aussagen eingegangen werden.)*

Er nimmt auch dich und mich an, so wie wir sind. Gibt es etwas Wichtigeres, als zu sagen: Der Wichtigste in der Welt, Gott, liebt dich und mich? Warum verstecke ich diese Botschaft Jesu vor meinen Schulkameraden, im Sportverein ...? Ich bin dort vielleicht die einzige Bibel, die noch gelesen wird!

3. Alle Getauften sind berufen, Empfehlungsschreiben Gottes zu sein. Darum tauschen wir jetzt unseren Brief mit einem anderen.

• Wie gehe ich mit den anderen Empfehlungsschreiben Gottes um? Sehe ich in meinen Geschwistern nur Bruder und Schwester oder auch eine Botschaft von Gott? Sehe ich in meinen Eltern nur Vater und Mutter, in meinen Lehrerinnen und Lehrern nur Erzieher, oder sind sie auch wie ein Brief Gottes an mich? Warum verweigere ich die Annahme, oder lege die Briefe manchmal ungelesen beiseite? Sind mir auch die Spielkameraden und alle Menschen Boten Gottes, die mir vielleicht Gottes Freude und Wahrheit anders weitergeben können, als ich sie bisher übermittelt bekam?

Meditation
(Bitte auf Betonung der Fragezeichen achten)

1. Kind: Unser halbherziger Glaube. –
Jesus – du bist der Brief von Gott –
aber ich lese dich nicht?

Du bist der Brunnen Gottes –
aber ich bohre nicht tief genug?
Du bist die Sonne Gottes –
aber ich nutze deine Energie nicht?

2. Kind: Jesus, du bist das Brot –
aber ich mag lieber Kuchen?
Du bist die Stille –
doch ich halte sie nicht aus?
Du bist manchmal der Sturm –
doch ich möchte meine Ruhe haben?

1. Kind: Jesus – du bist das Boot –
doch ich möchte nicht rudern?
Du bist die Hand –
doch ich zögere, sie zu ergreifen?

2. Kind: Jesus – du bist das Ziel,
aber ich fahre lieber im Kreisverkehr? – –
Jesus – ich bin dein Brief an die Menschen heute.
Aber ich verstecke deine Botschaft?

Schuldbekenntnis

Wer gemerkt hat, wie wenig er die anderen froh gemacht hat; wer einsieht, wie wenig er die gute Nachricht von Gott weitergibt, der kann jetzt mit mir und uns allen sprechen: Ich bekenne ...

Lossprechungsbitte

Vorsatz

Jeder erhält seinen Briefumschlag zurück. Jeder überlegt, wo er in Zukunft etwas ändern will ..., bei welcher Person ...!

Buße

Nehmt den Briefumschlag mit, um euch zu erinnern! Malt den Spruch auf der Karte bunt aus. Wem könntest du die Karte bei welcher Gelegenheit schenken? Merkst du, wie es dann auch auf deine Glaubwürdigkeit ankommt?

Segen – Schlußlied

8   Rücksicht im Miteinander

(Bußfeier mit Verkehrsschildern)

Vorbereitungen
Die abgebildeten Verkehrsschilder malen lassen oder vom nächsten
Straßenverkehrsamt ausleihen. – Ein großes, rotes Herz, eventuell
kleine für jeden.

Lied – Persönliche Begrüßung

Gebet

Großer Gott. Manchmal kracht es auf den Straßen, und es gibt
Verletzte. Zusammenstöße gibt es auch auf dem Schulhof, beim Sport
oder mit Eltern und Geschwistern. Hilf uns, in dieser Feier zu prüfen,
ob wir uns im täglichen Miteinander richtig bewegt haben und was wir
ändern können. Darum bitten wir durch Christus, unseren Herrn.

GEWISSENSERFORSCHUNG – MEDITATION

(Bitte auswählen und mit Liedern/Liedrufen unterbrechen)

(Die ausgewählten Verkehrsschilder liegen noch umgedreht in der
Mitte des Kreises. Zu jedem Punkt wird eins aufgedeckt.)

1. SCHILD: VORFAHRT ACHTEN
(Zunächst erklären Kinder das Schild)
Immer wieder kreuzen unsere Wege die der anderen. Dabei gelingt das
Leben besser, wenn wir die Regeln des Miteinanders beachten. Tun
wir es nicht, stoßen wir zusammen. Das verursacht Verletzungen und
Ärger.

Jesus sagt im Hauptgebot: „Achte den anderen genauso wie dich selbst. Liebe den Nächsten (und Gott)"! Oder erinnere dich an die Goldene Regel: „Alles, was du von anderen erwartest, das tu (zuerst) ihnen!" (Mt 7,12). Wenn wir das alle befolgten, würde sofort das Paradies beginnen.

(Die Kinder helfen beim Suchen der Fehler und Unterlassungen jeweils in den vier Bereichen: zu Hause, Schule, Kirche und draußen. – Beispiel: Wenn das Baby vor Hunger schreit, hat es Vorfahrt! Ich muß warten, bis es zufrieden ist, erst dann kann die Mutter mir beim Vokabellernen helfen .... Auch positive Formulierungen suchen.)

2. SCHILD: GESCHWINDIGKEITSBEGRENZUNG

(Die Kinder erklären das Schild)
Es heißt: „Liebe deinen Nächsten wie dich selbst!"
Auf dem Schulhof, bei jüngeren Geschwistern, bei alten Menschen, bei lernschwachen Schülerinnen und Schülern darf ich nicht immer „alles", weil ich andere damit deprimiere oder gefährde. Bei einer Wanderung richtet sich das Tempo nach dem Schwächsten ...
(Die Kinder helfen beim Auffinden der Schuld; auch positive Beispiele suchen.)

3. SCHILD: VERENGTE FAHRBAHN

(Die Kinder erklären das Schild)
„Liebe deinen Nächsten wie dich selbst!"
Unsere Fahrbahn wird enger, wenn einer in der Familie krank wird oder Vater/Mutter arbeitslos, wenn einer das Schuljahr wiederholen muß, wenn das Geld knapp wird, d.h. ohne Nörgeln mit weniger Taschengeld zufrieden sein. Liebe deinen Nächsten wie dich selbst, das heißt: Ich muß mein Verhalten der Situation angleichen, z.B. auch Kranke besuchen ...
(Die Kinder helfen beim Auffinden der Schuld oder der Unterlassungen; auch positive Formulierungen suchen.)

4. SCHILD: SACKGASSE

(Die Kinder erklären das Schild)
„Liebe deinen Nächsten wie dich selbst!"
Wenn ich in einer „Sackgasse" verharre, bin ich schnell am Ende des Weges (Lüge, Verbocktheit, Faulenzerei, Stehlen, Zerstören ...). Weil ich Angst habe, mich kleingemacht fühle, mich nicht mag, bin ich böse, lüge, versuche krumme Touren ... und ecke (hoffentlich!) an. Ich

muß das Wendemanöver wagen, die „Kehre kriegen"; bereit sein zur Umkehr, um einen neuen Weg zu suchen. Gott schenkt mir immer die Chance der Umkehr: Er mag mich auch, wenn ich mich verlaufen habe! Eventuell Schrifttext lesen: Gleichnis vom verlorenen Sohn erzählen (Lk 15,11–32) oder vom Zöllner Zachäus (Lk 19,1–10) oder vom verlorenen Schaf (Lk 15,4–7) usw.
(Die Kinder helfen beim Auffinden der Schuld oder der Unterlassungen; auch positive Beispiele suchen.)

5. SCHILD: DURCHFAHRT VERBOTEN
(Die Kinder erklären das Schild)
„Liebe deinen Nächsten wie dich selbst!"
Wenn ich mich selbst wirklich liebe, vermeide ich manche Wege, weil sie mir schaden, mich kaputtmachen und ich anderen früher oder später zur Last falle (Nikotin, Alkohol, Spielautomaten, Drogen, Gewalt, schlechte Freunde). Daher ist auf solchen Wegen die Durchfahrt eigentlich verboten. Wir fragen uns: Wälze ich meine Arbeit auf andere ab, unterdrücke ich Schwächere, reiße ich Witze auf Kosten anderer?
(Die Kinder helfen beim Auffinden der Schuld oder Unterlassungen; auch positive Formulierungen suchen.)

6. SCHILD: STOP-SCHILD
(Die Kinder erklären das Schild)
„Liebe deinen Nächsten wie dich selbst!"
Es gibt Situationen, da muß ich anhalten, da ist anderes wichtiger. Zum Beispiel lasse ich den Fußball sausen, wenn mein Freund Angst hat, mit seinem schlechten Zeugnis nach Hause zu gehen.
Was kann das noch bedeuten: andere vorlassen? Kleine Kinder, behinderte, kranke und alte Menschen ... und: Halt ein mit der Zerstörung der Umwelt ... (immer mehr haben wollen ...)!
(Die Kinder helfen beim Auffinden der Schuld oder der Unterlassungen; auch positive Beispiele suchen.)

7. SCHILD: ÜBERHOLVERBOT
(Die Kinder erklären das Schild, das sehr viel Disziplin verlangt.)
„Liebe deinen Nächsten wie dich selbst!"
Ich muß mich nach dem Schwächsten in der Reihe richten (Wanderung), mich beim Aufstellen am Bus einordnen, auch wenn mir der Vordermann noch so „auf den Wecker" geht.

(Die Kinder helfen beim Auffinden der Schuld oder der Unterlassungen; auch positive Formulierungen suchen.)

8. SCHILD: PARKEN ERLAUBT
(Die Kinder erklären das Schild)
„Liebe deinen Nächsten wie dich selbst!"
Ein willkommenes Schild: Ausruhen, abschalten, verschnaufen. Eine Pause einlegen in der Natur, beim Bücherlesen oder ausgewählten Fernsehgucken. Neue Kräfte sammeln. Auch Zeit für das Gebet und den Gottesdienst haben. Warum sind viele Kinder und Erwachsene so nervös und hektisch?
(Die Kinder helfen beim Auffinden der Schuld oder der Unterlassungen; auch positive Beispiele suchen.)

Lied

Schrifttext
Der barmherzige Samariter (Lk 10,25-37) zeigt: den Menschen mit Liebe begegnen, besonders denen, die auf den Straßen des Lebens in Not geraten sind.
Oder: Jesus sagt: „Bleibt in meiner Liebe! Wenn ihr meine Gebote haltet, die Verkehrszeichen im Miteinander, werdet ihr in meiner Liebe bleiben. Dies sage ich euch, damit meine Freude in euch ist und damit eure Freude vollkommen wird. Das ist mein Hauptverkehrszeichen: Liebt einander, so wie ich euch geliebt habe." (Joh 15,9-12)
Oder: Kol 3,12-15: Bekleidet euch mit Rücksicht ...
Danach wird das große, rote Herz zwischen die Verkehrszeichen gelegt.

Schuldbekenntnis
Weil wir oft genug nicht geliebt haben, bekennen wir unsere Schuld und sprechen: Ich bekenne ...

Vergebungsbitte – Segen

Buße
Eventuell das kleine, rote Herz, das sich jeder vom großen Herz nehmen darf, einem jungen oder alten Menschen schenken.

Schlußlied

9 Verbunden mit dem Eckstein

(Bußfeier mit Bausteinen aus Holz)

Vorbereitungen
1. *In der Anzahl der zu erwartenden Tln aus Abfallholz vom Schreiner „Steine" sägen lassen.*
2. *Jeder erhält einen Filzstift zum Schreiben.*

(Alle sitzen im Halbkreis, der jeweils am Altar mündet. In der Mitte liegen alle Holzbausteine wirr auf einem Haufen.)

Lied zu Beginn
O Herr, wir rufen alle zu dir (siehe „Troubadour" Nr. 214)
In Sorgen schau ich auf zu dir (siehe „Troubadour" Nr. 251)

Persönliche Begrüßung

GEWISSENSERFORSCHUNG – MEDITATION

1. DIE HOLZBAUSTEINE LIEGEN WIRR DURCHEINANDER
Schaut auf die Steine in unserer Mitte. Sie liegen dort stellvertretend für uns. Auch dein Stein ist darunter. Mein Stein ebenfalls. Wie diese Steine sind wir ins Leben geworfen. Keiner hat uns gefragt. Aber Gott hat „ja" zu jedem von uns gesagt. So wie er mich geschaffen hat, bin ich brauchbar. Der Größte und Wichtigste in der Welt, Gott, hat „ja" zu mir gesagt: Darum kann auch ich „ja" zu mir sagen – auch wenn mir das eine oder andere nicht gefällt. Es ist ungeheuer wichtig, daß ich „ja" zu mir und meinen Fähigkeiten sagen kann.

Gebet
Mächtiger Gott. Ich danke dir für mein Leben. Ich danke dir dafür, daß ich Hände und Finger, Beine und Füße bewegen kann. Ich danke dir, daß ich sehen und hören kann, riechen und schmecken. Ich danke dir, daß ich aufwachsen darf in einem friedlichen Land, in dem es genügend zu essen und zu trinken gibt und daß ich ein Dach über dem Kopf habe. Ich danke dir für meine Eltern, die mich lieben; denen ich vertrauen kann, auch wenn nicht immer alles glatt läuft. Ich danke dir

besonders dafür, daß es dich gibt. Dein Sohn hat gesagt: Du bist wie ein guter Vater oder wie eine gute Mutter zu uns, wie ein Freund, ein Arzt, ein Hirt. Und du sagst „ja" zu mir, so wie ich bin. Auch wenn ich nicht immer so bin, wie du mich gerne sähest. Danke, guter Vater.

Lied: Weil du „ja" zu mir sagst ... (siehe „Troubadour" Nr. 76)

2. JEDER NIMMT SICH EINEN HOLZBAUSTEIN UND SCHREIBT SEINEN NAMEN DARAUF

Als Zeichen dafür, daß du „ja" zu dir sagst, wie du bist, nimm dir einen Holzbaustein und schreibe deinen Namen darauf. *(abwarten)*

• Bist du dankbar dafür, daß du eine Schatzkiste in dir hast, wie sonst keiner mehr: daß du Eigenschaften hast, die nur dir geschenkt sind?! Um aus Steinen eine Mauer oder ein Haus bauen zu können, brauchen sie eine gewisse Formung. Jeder Stein darf seine eigene Färbung haben, seine eigene Schwere, aber er braucht eine gewisse Härte, um die anderen Steine über sich tragen zu können.

• Lasse ich mich formen – zu Hause, in der Schule, im Gottesdienst, in einer Gruppe oder in einem Verein? Bin ich pünktlich, zuverlässig, hilfsbereit, fleißig, ein positiver Typ? Kann ich verzeihen und wiedergutmachen? Halte ich Prüfungen und Krankheiten für notwendig, weil sie mich stark machen und abhärten?

Manchmal hat so ein Stein eine Ecke ab. Schon mal gehört: „Du hast ja eine Macke, eine Ecke ab, du bist doof!"?

• Bin ich einer, der da christlich denkt? Das heißt: Halte ich den Mörtel der Liebe bereit, der solche Ecken ausgleichen kann, weil es um das Miteinander geht? Kann ich immer wieder verzeihen, weil Gott auch mir immer wieder verzeiht? Akzeptiere ich andere, so wie sie sind, und schließe sie nicht aus?

Lied: Den Weg wollen wir gehen (siehe „Troubadour" Nr. 144)

3. WIR BAUEN EINE MAUER

Versucht, aus euren Holzbausteinen eine große Mauer zu bauen ... *(zuschauen)*

Seht ihr, jeder Stein ist wichtig, damit die Mauer entsteht: Gleich, wo er hingelegt wurde, er ist ein Stück Mauer. Es kommt nicht darauf an, ob er oben oder unten, rechts oder links liegt, entscheidend ist, daß er in der Mauer sicher und stützend steht. Schlimm ist, wenn ein Stein sagt: „Ich habe an der Stelle keine Lust mehr." Schaut mal, was passiert, wenn ich einen Stein wegnehme! Ein Loch entsteht, in das gefährliche Feuchtigkeit einziehen kann; die anderen Steine sind nun

gefährdeter ... Kein Stein darf stöhnen über seine schwere Last, denn derjenige unter ihm trägt ja noch mehr ... Wir Steine liegen in dieser Mauer zur Freude der Menschen, die ja durch sie Schutz erfahren, und zur Ehre Gottes, der sich freut, wenn wir brauchbar und nützlich sind in dieser Welt. So spüren wir Sinn im Leben: Wir werden gebraucht.
Lied: Ihr seid das Salz der Erde ... (siehe „Troubadour" Nr. 87, 274, 568)

4. WIR LEGEN UNSERE STEINE AN DEN ECKSTEIN, DEN
   ALTAR (= JESUS CHRISTUS)
Ihr wißt, in der Bibel wird Jesus auch mit einem Stein verglichen, den die Bauleute verworfen haben (Mt 21,42; Eph 2,20–22). Die Priester damals ließen ihn zum Tode verurteilen. Aber er wurde zum Eckstein, der felsenfest steht und uns alle halten kann. Dieser Altar aus Stein ist Symbol für Jesus Christus. Wir legen jetzt all unsere Steine fest an den Altar, dann kann unsere Mauer nicht einstürzen, weil sie von *Ihm* gehalten wird. Jesus möchte, daß wir seine lebendigen Steine sind, die ihm ganz vertrauen, die sich ganz auf ihn verlassen (1 Petr 2,5–8).
(zuschauen)
• Vertraue ich Jesus? Spreche ich gerne mit ihm? Höre ich dabei auch auf seine Worte? Er hält mich: Habe ich den Mut, auch draußen zu sagen, daß ich zu ihm gehöre? Kann Jesus sich auf mich verlassen? Er braucht auch meine und deine Hände, um den anderen zu Hause und überall zu helfen; er braucht auch deine und meine Füße, um zu denen zu gehen, die am Rande stehen; er braucht auch deine und meine Augen, um die Not zu sehen; er braucht auch deinen und meinen Mund, um gegen das anzusprechen, was falsch und gemein ist ...
Lied: Öffne die Ohren, um zu hören ... (LP „Weiter geht die Zeit", Edition Werry, Mülheim a.d. Ruhr)

Schuldbekenntnis – Lossprechungsbitte
Wir bekennen jetzt, was wir falsch gemacht oder an Gutem unterlassen haben, und sprechen: Ich bekenne ...
Bitte um Lossprechung

Buße
Nehmt nach dem Danklied euren Stein und berührt damit einen Apostelstein in der Kirche *(erklären und zeigen)*. Dann betet dabei so ähnlich: Gott, gib mir Kraft, auch draußen dein lebendiger Stein zu sein, der weitersagt, daß du alle liebst; der auch selbst zu lieben und

zu verzeihen versucht. Darum bitte ich durch Christus, unseren Herrn.

Ihr könnt anschließend den „Stein" mit nach Hause nehmen, um euch an diese Stunde zu erinnern.

Segen – Schlußlied
Nun danket all ... GL 267
oder: Laßt uns miteinander (siehe „Troubadour" Nr. 33)

10   Im Zeichen der Versöhnung

(Bußfeier mit Bändern in Regenbogenfarben)

Vorbereitungen
Für jedes Kind liegen Bänder (aus Stoffresten oder Kreppapier) in
Regenbogenfarben aus (also rot, orange, gelb, grün, blau, dunkelblau
[= Indigo], lila – jedenfalls sollten diese Farben annähernd getroffen
sein), etwa 1 m lang und ca. 10 cm breit. Jedes Kind kann sich beim
Eintreten eine Farbe auswählen; eventuell Scheren.

Hinweis
Die einzelnen Punkte der Gewissenserforschung nicht allzusehr entfalten, sonst besteht
die Gefahr der zeitlichen Überforderung!

Lied – Persönliche Begrüßung

Gebet
Guter Gott. Wir sind hier, um auf dich und deinen Sohn zu hören. So
komm, Heiliger Geist Gottes, erfülle uns, damit alles Dunkle und Böse
aus uns vertrieben wird und du in uns stark bist. Darum bitten wir
durch Christus, unseren Herrn.

Evangelium
Wir hören von Jesus. Was für einer war Jesus?
Jesus kam nach Nazareth, wo er aufgewachsen war, und ging dort in
die Synagoge. Als er aufstand, um aus dem heiligen Buch vorzulesen,
reichte man ihm das des Propheten Jesaja. Er schlug das Buch auf und
fand die Stelle, wo es heißt: „Der Geist des Herrn ruht auf mir, denn
der Herr hat mich gesalbt. Er hat mich gesandt, damit ich den Armen
eine gute Nachricht bringe, damit ich den Gefangenen die Entlassung
verkünde und den Blinden das Augenlicht; damit ich die Zerschlage-
nen in Freiheit setze ..."
Dann schloß er das Buch, gab es dem Synagogendiener und setzte sich.
Die Augen aller in der Synagoge waren auf ihn gerichtet. Da sagte
Jesus: „Heute hat sich das Wort, das ihr eben gehört habt, in mir
erfüllt" (Lk 4,16–21).
(Gl legt die Hl. Schrift aufgeschlagen auf einen Sessel/Sedilie.)

GEWISSENSERFORSCHUNG – MEDITATION
(Bitte auswählen und mit Liedern/Liedrufen unterbrechen)

1. ROTE UND ORANGEFARBENE TÜCHER UM DIE AUGEN

Alle, die ein rotes oder orangefarbenes Tuch haben, suchen sich jemand, dem sie damit die Augen verbinden. *(Abwarten, bis alle wieder ruhig sitzen)*

• Blitzten unsere Augen manchmal rot vor Wut, oder haben sie die anderen liebevoll angeschaut? Rot steht ja auch für die Liebe. Oder sind wir blind geworden und sehen nicht die neben uns, die auf ein gutes Wort warten, eine helfende Hand?

Was kann ich noch richtig oder falsch machen mit meinen Augen, diesen wunderbaren „Werkzeugen"? *(Kinder erzählen lassen)*

Und was kann ich mit den Augen Gutes tun? *(Also auch immer Raum für das Positive geben)*

Wir haben im Evangelium gehört, daß Jesus kam, um Blinde wieder sehend zu machen. Ich suche welche, die ihre Hände auf diese Zeilen im geöffneten Evangelienbuch legen und dann hingehen und die Augenbinden abnehmen.

(Durchführen lassen – dieses Schema wiederholt sich jetzt immer!)

2. GELBE TÜCHER UM DIE OHREN

Alle, die ein gelbes Tuch haben, binden sie anderen um die Ohren.

• Bin ich taub geworden für das Wort Gottes und die Schreie von überall her? Was ich höre: Nehme ich es mit falschen Untertönen auf, wie Neid und Mißgunst (= gelb), oder herzlich-positiv wie eine Sonne? *(Kinder suchen selbst noch Negatives und Positives. Einige legen danach die Hände auf das Evangelienbuch und lösen die Binden.)*

3. GRÜNE TÜCHER UM DIE MÜNDER

Alle, die ein grünes Tuch wählten, binden anderen den Mund zu.

• Setze ich meinen Mund nur für meine Vorteile ein, oder streite ich für alle, die ungerecht behandelt und mit Vorurteilen behängt werden? Verbrenne ich mir manchmal den Mund für eine gute Sache und für das, was wahr ist, oder stehe ich dann da wie ein stummer Fisch? Lasse ich Hoffnung und Leben wachsen (= grün) mit meinen Worten und Vorschlägen, oder zerschlage ich gerne alles mit meinem „Gemotze" und Spott?

(Kinder suchen weitere Beispiele im Positiven und Negativen. Einige legen danach die Hände auf das Evangelienbuch und lösen die Binden.)

Lied

4. HELL- UND DUNKELBLAUE TÜCHER UM DIE HÄNDE
Alle, die ein hell- oder dunkelblaues Tuch genommen haben, fesseln
jetzt anderen die Hände.
• Wasche ich gerne meine Hände in Unschuld mit der Ausrede: „Ich
war es nicht!"? Bin ich bequem, oder rühre ich meine Hände und bin
hilfsbereit? Bin ich zuverlässig und gehe vertrauensvoll (= blau) mit
meinen Kameradinnen und Kameraden, mit meinen Freundinnen und
Freunden um? Überlegt mal:
Eines Tages hältst du deine Hand einem anderen Menschen hin und
sagst: „Wir beide halten jetzt ein ganzes Leben lang zusammen!"
Deshalb ist es wichtig, jetzt schon in kleinen Pflichten die Treue zu
üben und das Vertrauen! *(Weitere Vorschläge durch die Kinder. Einige
legen danach die Hände auf das Evangelienbuch und befreien dann
von den Fesseln.)*

5. VIOLETTE TÜCHER UM DIE FÜSSE
Alle, die ein violettes Tuch haben, fesseln jetzt anderen die Füße.
• Gehe ich manchmal gefährliche Wege, auf denen ich versucht werde
zu stehlen oder in schlechte Gesellschaft gerate? Gehe ich ohne
Murren für die Mutter einkaufen? „Harke" ich beim Spiel nicht nach,
wenn sich einer unfair verhalten hat? Trete ich gerne auf Schwachen
herum und bereite ihnen so ein Stück Fegfeuer? Oder gehe ich gerade
und ehrliche Wege; auch Wege der Umkehr (= violett), um mich mit
anderen zu versöhnen? *(Weitere Vorschläge durch die Kinder. Einige
legen danach die Hände auf das Evangelienbuch und befreien dann
von den Fesseln.)*

Lied

Schuldbekenntnis – Vergebungsbitte – Vaterunser
Jeder sollte jetzt zur Versöhnung bereit sein, denn wir haben ja gerade
gebetet: „Vergib uns unsere Schuld, wie auch wir vergeben unsern
Schuldigern – unseren Schuldnern." Darum legen wir unsere Farben
jetzt zu einem Regenbogen zusammen. *(Reihenfolge der Farben von
oben nach unten: siehe unter „Vorbereitung". An den Enden raffen wir
die Tücher etwas zusammen und deuten den Bogen an. – Wir schauen
zu.)* Währenddessen die Bibelstelle vom Regenbogen erfragen oder
vorlesen.

Bibelstelle

Der Regenbogen ist das Zeichen der Versöhnung zwischen Himmel und Erde. Wir lesen im ersten Buch der Bibel, im Buch Genesis: Als alle Menschen und Tiere aus der Arche ausgestiegen waren und Noach Gott ein Opfer dargebracht hatte, sprach Gott zu Noach: „Ich habe meinen Bund mit euch geschlossen: Nie wieder sollen alle Wesen aus Fleisch vom Wasser der Flut ausgerottet werden; nie wieder soll eine Flut kommen und die Erde verderben ... Meinen Bogen setze ich in die Wolken; er soll das Zeichen des Bundes sein zwischen mir und der Erde. Ballen sich Wolken über der Erde zusammen und erscheint der Regenbogen in den Wolken, dann gedenke ich meines Bundes. Er besteht zwischen mir und euch und allem, was auf der Erde lebt" (nach Gen 9,11–16).

Regenbogenlied

Zum Beispiel: Im Regenbogen sind wir aufgehoben ... (Th. Laubach/ Th. Nesgen, tvd-Verlag, Düsseldorf)
Hier eventuell die schöne Regenbogen-Brückengeschichte von Anne Steinwart einfügen: Siehe „Kurzgeschichten 5", Nr. 124, oder siehe in diesem Buch unter Nr. 23, Seite 146.

Friedensgruß

Wir reichen einander die Hände und schauen jetzt die im Kreis an, mit denen die Versöhnung besonders wichtig ist.

Segen

Aktion

Wer möchte, kann sich von seinem regenbogenfarbenen Band ein Stückchen abschneiden und mit nach Hause nehmen, um sich an heute zu erinnern.

Danklied

Buße

Stell dich vor ein Kreuz, und bete für einen, dem du weh getan hast.
Oder: Einige Kinder helfen, die Regenbogen-Bänder wieder aufzurollen.

11   Aus Minus wird Plus

(Bußfeier mit Gegenständen aus dem Alltag)

Hinweis
Die Idee zur folgenden Bußfeier fand ich bei Kurt Bucher, Bußfeiern, Rex-Verlag, Luzern 1990, S. 65–71.

Vorbereitung
In einem Kehrichthaufen liegen Dinge, die Schülern etwas sagen: etliche Scherben, zerknülltes Butterbrotpapier, Kuli, Lineal, Tintenkiller oder Radiergummi, herausgerissenes Blatt (aus dem Gotteslob oder Liederheft), Opferkästchen, ein leeres Blatt in DIN A4, Handtuch. Daneben steht ein Besen: Der Haufen sieht wie zusammengekehrt aus.

Lied – Persönliche Begrüßung

Gebet
Herr, wir sind hier, um dir zu sagen, daß wir manches falsch gemacht oder unterlassen haben. Schenke uns jetzt deinen Heiligen Geist! Erleuchte uns, damit wir klar unsere Fehler erkennen und uns nichts vormachen. Erfülle uns mit dem Geist, den wir bei deinem Sohn kennengelernt haben. Wenn er in uns stark wird, hat das Böse in uns keinen Raum mehr. Und darum bitten wir durch Christus, unseren Herrn.

GEWISSENSERFORSCHUNG

1. ZU HAUSE
Wer sucht die **Scherben** aus dem Kehrichthaufen heraus und legt sie nebeneinander wie ein Minus-Zeichen? *(zuschauen)*
Die Scherben erinnern uns an alles, was durch uns zerbrochen ist. Ich meine nicht so sehr, was beim Abtrocknen heruntergefallen ist (vielleicht sogar absichtlich, weil du Wut hattest und nicht helfen wolltest?), sondern was zerstört wird, wenn einer gelogen hat, gestohlen oder Falsches weitererzählt.
Jesus sagt: „Alles, was du von anderen erwartest, das tu (zuerst) ihnen!" (Mt 7,12 = Goldene Regel)

• Hast du für eine gute Atmosphäre zu Hause gesorgt, weil du zum Mithelfen bereit warst? Weil du die Hausaufgaben zügig gemacht hast? Das Essen gelobt hast? Dem Zank mit den Geschwistern einigermaßen aus dem Wege gegangen bist? Mit Maß Fernsehen geguckt und auch mit Maß am Computer gespielt hast?

2. SCHULE
Dieser **Tintenkiller** (oder Radiergummi) kann Fehler löschen.
• Hast du anderen ihre Fehler verziehen? Sorgst du in der Klasse für eine positive Stimmung? Hast du Schüler und Schülerinnen mit schlechten Noten aufgerichtet; bei den Hausaufgaben geholfen?

Dieses **Lineal** ist ein Maßstab. In der Schule wird laufend dein Wissen gemessen.
• Bist du zu lange entmutigt, wenn du schlechte Noten nach Hause trägst?* Denkst du daran, daß Gott sein Meßband nicht um den Kopf, sondern ums Herz legt? Jesus sagt auch: „Mit dem Maß, mit dem ihr meßt und zuteilt, werdet ihr selbst gemessen!" (Mt 7,2)
• Denke ich gut und großzügig über meine Schulkameraden, meine Lehrer und Lehrerinnen, den Hausmeister, den Busfahrer, die Busfahrerin?

Das **Butterbrotpapier** hier stellt die Fragen:
• Wirfst du kostbare Brotreste einfach fort? Du weißt, wie andere vor lauter Hunger Brot sogar anbeten!? Hast du mit dem geteilt, der hungrig zusah?

Ach ja, der **Besen:**
• Bist du gefällig und bereit zu dienen? Wenn zum Beispiel der Hausmeister dir sagt: „Würdest du bitte die Bananenschale dort aufheben, es könnte einer darüber fallen!"?
Jesus sagt: „Wer unter euch etwas Besonderes sein will, der sei zuerst euer Diener! Auch ich bin gekommen, um zu dienen" (Mk 10,43 ff). Ja, er, der Meister, hat seinen Schülern die Füße gewaschen!
Weil das Dienen immer wieder schiefgehen kann: Wer legt diese Gegenstände in das Minus?

Lied: Herr, gib uns Mut zum Hören ... (siehe „Troubadour" Nr. 46; darin die 4. Str.: Herr, gib uns Mut zum Dienen)

---

* Eigentlich Schuld der Eltern!

3. KIRCHE

Dieses **herausgerissene Blatt** stammt aus unserem Liederheft. Schade.

• Hätte dir das auch passieren können? Wie gehst du – auch in der Kirche – mit Gegenständen um, die dir nicht gehören? Aber mit diesem Blatt will ich mehr sagen: Du bist wie ein herausgerissenes Blatt,

– wenn du nicht zum Gottesdienst kommst;
– wenn du nicht mitbetest und mitsingst;
– wenn du nicht freundlich zur Seite rückst;
– wenn du als Ministrant oder Ministrantin unzuverlässig bist;
– wenn du nur widerwillig in die Sakristei gehst, wenn du gerufen wirst, weil einer fehlt!
– wenn du nicht auch für die betest, die viel ärmer dran sind als wir: krank, hungrig, unerwünscht, obdach- und heimatlos.

Jesus sagt: „Ich bin wie von einem Leib das Haupt, ihr seid die Glieder daran. So eng seid ihr mit mir verbunden! Wenn ein Glied leidet, dann leiden doch alle Glieder mit!" (1 Kor 12,12–27).

Die draußen können nur über uns staunen, wenn sie merken, wie eng wir untereinander verbunden sind und wie gut wir uns hier verstehen! Ich lege das Blatt ins Minus, weil wir draußen oft nicht überzeugen und wie herausgerissene Blätter wirken.

4. DRAUSSEN

Dieses **Handtuch** stammt aus unserem letzten Jugendherbergsaufenthalt. Angeblich gehörte es keinem, obwohl es nur aus unserer Gruppe sein konnte.

• Wie gehst du mit deinen Sachen um? Hältst du Ordnung?

Mit so einem **DIN A4-Blatt** hat sich einmal eine Ministrantin für die Sommerferien vom Dienst entschuldigt. Nur ein kleiner Satz stand auf dem großen Papier!

• Ist dir bewußt, daß viele Bäume für die Papierherstellung sterben müssen? Bist du sparsam mit allem: dem Wasser, dem Licht, der Wärme ...? Lehnst du Getränkedosen ab?

Woran soll euch das **Opferkästchen** erinnern? (...)
Jesus sagt: „Was ihr für einen meiner geringsten Brüder und eine meiner geringsten Schwestern getan habt, das habt ihr mir getan!" (Mt 25,40).

• Kann ich richtig teilen? –

Weil wir oft anders handeln, als wir es jetzt denken und sagen, legen wir diese Gegenstände auch noch ins Minus. Wer möchte es?

Bußlied: Dich liebt, o Gott, mein ganzes Herz ... GL (Diözesananhang des Erzbistums Köln) 851

oder: Jetzt ist die Zeit, jetzt ist die Stunde (siehe „Troubadour" Nr. 483).

Schuldbekenntnis – Lossprechung

Aktion

In der Mathematik ergibt minus mal minus ein Plus! Hier ist es jetzt ähnlich: Gott verzeiht uns das Minus unserer Schuld, weil sie uns leid tut und wir uns bessern möchten. Wir dürfen neu anfangen. Aus dem Minus ist bei Gott ein Plus geworden. Darum brauche ich zwei von euch, die jetzt alle Gegenstände aus dem Minus zum Plus legen. *(zuschauen)*

Vaterunser

Wir reichen uns die Hände, schauen auf das große Plus und beten gemeinsam: Vater unser ...

Friedensgruß

Hier sollten sich besonders diejenigen ansehen, die noch etwas zu verzeihen haben!

Buße

Schaut noch einmal auf die Gegenstände, und nehmt euch über einen davon eine Buße vor: An einer kleinen Stelle die Welt zum Guten verändern! – Geht anschließend noch vor ein Kreuz in der Kirche, dem „Plus-Zeichen", und bittet um die Kraft, die Buße auch einlösen zu können. Sagt auch dafür danke, daß ihr wieder neu anfangen könnt. – Gehet hin in Frieden!

III. Feiern der Umkehr mit Jugendlichen

12   Geschenkte Schöpfung

(Bußfeier mit der Postkarte/dem Meditationsbildchen „Schöpfung"
von Sieger Köder)

Vorbereitung
Das Bild „Schöpfung" ist als Meditationsbildchen (Bestell-Nr. 857D)
und als Postkarte (Bestell-Nr. SK 200) erhältlich beim Rottenburger
Kunstverlag VER SACRUM, Reiserstr. 2, D-72108 Rottenburg. ©
Sieger Köder. Mengenpreise. Das Bild gibt es auch als Dia in der
Diaserie von Sieger Köder zum AT (= 48 Farbdias zum Preis von 78
DM beim Schwabenverlag, Ostfildern; das Dia ist nicht einzeln zu
beziehen).
Oder: Eine talentierte Person aus der Pfarrei malt das Bild vergrößert
auf.
Oder: Von diesem Motiv ein Bild für die Leuchtbox anfertigen lassen,
z.B. bei der Firma Colorsal, Gesellschaft für Farbkopien und Werbe-
konzeption, Andernacher Str. 4a, 90411 Nürnberg, Tel. 0911/5215409,
Fax: 0911/5215208. Preis ca. 80 DM.

Vorbemerkung

Diese Feier enthält bewußt wenige Gewissensfragen. *Gl* muß der Situation der Jugendlichen entsprechend die Fragen vervollständigen.

Lied

Lobe den Herren ... GL 258

oder: Gott liebt diese Welt ... GL 297

oder: Erd' und Himmel sollen singen ... GL (Diözesananhang des Erzbistums Köln) 877

Persönliche Begrüßung

Gebet

(Wir legen dazu die Karte in unsere geöffneten Hände und schauen sie an.)

Herr, unser Gott. Wir möchten staunen über die wundervollen Werke deiner Hände, die du unseren Händen anvertraut hast. Laß uns liebevoll und verantwortlich mit deinem Geschenk umgehen. Darum bitten wir dich durch Christus, unseren Herrn.

GEWISSENSERFORSCHUNG – MEDITATION

(Mit Liedern/Liedrufen unterbrechen)

Zunächst etwas zum Maler des Bildes, Sieger Köder, der am 3.1.1925 in Wasseralfingen bei Aalen in Württemberg geboren wurde, jetzt also ... Jahre alt ist. Zunächst war er zwölf Jahre lang Kunstlehrer am Gymnasium in Aalen/Württemberg. Als sogenannter Spätberufener studierte er dann mit vierzig Jahren katholische Theologie und wurde 1971 zum Priester geweiht. Sieger Köder versteht sich als Pfarrer und nicht als Maler; er betreut zwei kleine schwäbische Gemeinden im Nordosten von Stuttgart (Rosenberg).

1. ALLES LEBEN AUS GOTTES HAND

Wir sehen zwei große Hände aus dem unendlichen Ozean auftauchen: Alles Leben kommt aus Gottes Hand, wenn es sich auch in Jahrmilliarden entwickelte. Wie zwei offene Schalen wirken die beiden Hände, behutsam tragen sie alles, sie halten nichts krampfhaft fest.

• Glaube ich daran, daß nicht der Zufall regiert, sondern alles aus den Händen Gottes kommt? Vertraue ich darauf, daß er meinen Namen kennt und mich in seine Hände geschrieben hat (Jes 49,16)?

2. ALLES LEBEN KOMMT AUS DEM WASSER

Alles Leben kommt aus dem Wasser, das Blau des Wassers vermischt sich mit dem Blau des Himmels, so daß die ganze Erde vom Blau umspannt ist. Mit diesem Blau hat sich Sieger Köder von Chagall beeinflussen lassen: Es meint die hintergründige, unsichtbare, mystische Nähe Gottes. Das Blau meint die Treue Gottes, der zu seiner Schöpfung steht und durch seinen Sohn sagen ließ: „Seht, ich bin bei euch alle Tage bis ans Ende der Welt!" (Mt 28,20).

• Glaube ich an die Gegenwart Gottes – trotz all dem manchmal unerklärlichen Leid in dieser Welt? Vertraue ich auf Gottes Nähe, die mir alle Angst nehmen kann?

Lied: Einmal wurd' es am Himmel hell ... (siehe „Troubadour" Nr. 155)

3. DIE HERRLICHE SCHÖPFUNG GOTTES

Wir sehen den glühenden Feuerball in den offenen Händen: So sieht die Erde im tiefen Innern aus. Dieser Feuerball ist mit der Urkraft der Liebe Gottes zu vergleichen – aus ihr entwickelte sich das ganze Weltall: Wir sehen über dem roten Kreis das Urgestein mit den Muscheln, dann darüber das Grün der Erde mit den Wiesen, die fruchtbaren, wogenden Getreidefelder, die Wälder und Gärten und schließlich die Rosen darin, die Blumen der Liebe. Alles im Bild ist hingeordnet auf die Menschen, Mann und Frau, oben in der Mitte. Man sieht ihrem zärtlichen Umgang miteinander an, daß sie sich mögen. Sie gehören zu Gottes geliebter Schöpfung wie die Gestirne, die Tiere und Pflanzen.

• Staune ich noch über die Schönheit der Erde? Danke ich zunächst für alles, oder benutze ich nur? Wie gehe ich mit Pflanzen und Tieren um? Spreche ich ab und zu mit meinem Schöpfer? Bin auch ich zärtlich und verantwortungsvoll mit allem, was mir geschenkt ist, vor allem in der Liebe?

Lied: Die Erde ist schön ... (siehe „Troubadour" Nr. 3)

4. DER „WURM" IST DRIN

Durch das Bild zieht sich die Schlange, das Symbol für die Versuchung, Gottes Schöpfung auszubeuten, nur zu gebrauchen und nicht zu pflegen und zu erhalten. Der „Wurm" ist seit Beginn der Menschheitsgeschichte drin, und er bringt auch heute alles durcheinander, sobald wir der Versuchung erliegen, unsere Freiheit, das größte Geschenk Gottes an uns, zu mißbrauchen.

• Habe ich den Wurm, die Schlange der Versuchung, auch schon in mir gespürt? Wann, wo? *(Längere Stille)*
Gab und gibt es Orte und Gelegenheiten, wo ich alles durcheinanderbringe, weil ich herrschen und gebrauchen will? Wo mißbrauche ich meine Freiheit?
Stille

5. DIE WELT IST IN UNSERE HÄNDE GELEGT

Die beiden Hände unten können auch anders gedeutet werden: Gott hat seine Welt in unsere Hände gelegt: Wir sollen schonend und achtungsvoll mit ihr umgehen, ohne sie rücksichtslos auszubeuten oder wie einen Wegwerfartikel zu benutzen – sonst stürzt sie ab. Die rote Kugel könnte das Wirken des Hl. Geistes bedeuten, der mich und uns alle erfüllen will, um der Sehnsucht nach Gerechtigkeit und Liebe in dieser Welt Hände und Füße zu geben.
• Setze ich mich entschlossen wenigstens an einer Stelle dafür ein, die Schöpfung zu bewahren? Gehe ich auch mit den kleinsten Dingen verantwortungsvoll um? Hat auch mich ein wenig die Sucht nach Macht und Geld erfaßt, die so viel zerstören kann?
Lied: Gottes Schöpfung, gute Erde ... (Eugen Eckert/Winfried Heurich, Studio Union im Lahn-Verlag, Limburg)

Schuldbekenntnis – Vergebungsbitte

Dankpsalm
GL 710 (= Psalm 8) oder GL 744 (= Psalm 104B): Wie groß sind deine Werke, Herr!

Oder: Der Herr umgibt mich mit seiner Liebe und Treue.
1. Spr.: Der Herr ist mein Schöpfer.
Er hat mir die Erde anvertraut, auf ihr zu wohnen.
Jeden Tag beschenkt er mich neu.

2. Spr.: Auch wenn ich oft wandern muß im finsteren Tal
und mein Leben eng wird durch Angst und Not,
fürchte ich kein Unheil, denn du bist ja bei mir.

1. Spr.: Hilf mir, Herr,
daß ich in der Versuchung der Schlange nicht nachgebe.
Hilf mir, Herr, daß ich diene und nicht herrsche,
daß ich deine Schöpfung erhalte und nicht zerstöre.

2. Spr.: Dann, Herr, birgst du mich in deinen Händen,
beschenkst mich reich mit Segen und Gnade
ein Leben lang.
Von deiner Liebe und Treue umgeben
darf ich leben und lieben
und hoffen, dein Ebenbild zu bleiben.
Danke, Herr, du mein Schöpfer.
Danke, Herr, für Jesus, unseren Erlöser.

(Nach Psalm 23)

Segen – Entlaßgruß
Nehmt die Karte mit nach Hause, um euch zu erinnern!

Schlußlied
Laudato si ... (siehe „Troubadour" Nr. 378)
Nun danket alle Gott ... GL 266

13 In der Nachfolge Christi

(Bußfeier mit einem Blatt Papier, das
zum Kreuz gerissen wird)

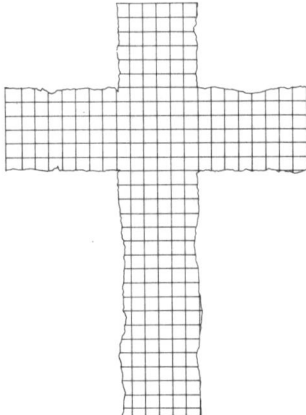

*Vorbereitung
Jede(r) Tln erhält ein DIN-A5-Blatt
mit Rechenkästchen.*

Lied
Den Weg wollen wir gehen ... (siehe „Troubadour" Nr. 144)

Persönliche Begrüßung

Gebet
Herr, unser Gott. Du hast uns eingeladen, unseren Lebensweg zu
überdenken. Dein guter Geist erfülle jetzt unsere Herzen, damit wir
erkennen, was uns guttut und was wir meiden sollen. Dein Sohn sei
jetzt in unserer Mitte, der gesagt hat: „Ich bin *der* Weg!" Hilf, daß wir
ihm folgen. Darum bitten wir durch Christus, unseren Herrn.

GEWISSENSERFORSCHUNG – MEDITATION
(Eventuell kürzen; durch Lieder und Liedrufe unterbrechen)

1. DAS BLATT – MEIN LEBEN
Dieses Blatt Papier in unseren Händen bedeutet unser Leben. Ich
gehe vorsichtig damit um, weil mir nur eines geschenkt ist. Die Linien
und Kästchen darauf sagen: Ich wurde in bestimmte Gesetzmäßig-
keiten hinein geboren, an denen ich nicht vorbeikomme. Aber ich lebe
in relativer Freiheit: Ich kann selbst *zwischen* den Zeilen schreiben!
• Bin ich ein positiver Typ, der überall in den Kästchen die Plus-

Zeichen erkennt, oder sehe ich nur die Minus-Zeichen dazwischen? Habe ich mit einem Kreuz (das ja ebenfalls in dem Plus steckt) im nachhinein auch schon positive Erfahrungen festgestellt? Sehe ich mein Leben als ein Plus für diese Welt?

Stille

2. DAS LEBEN TEILEN
(Wir falten das Blatt senkrecht in der Mitte.)
Wir haben unser Leben geteilt. Auch das ist Sinn unseres Lebens: Die Hälfte abgeben – in Schule/Arbeit, in eine Partnerschaft, eine Familie, in unser freiwilliges Engagement irgendwo in der Gesellschaft. Auch wer heiratet, stellt von sich eine Hälfte zur Verfügung. Wer das wagt, schaut auf das Plus des anderen. Das bewegt ihn, sich selbst hinzugeben: Er bekommt im Geben und Nehmen, im Nehmen und Geben ja auch eine Hälfte zurück. Solch ein folgenschwerer Schritt muß also überlegt und vorbereitet sein!
• Fliehe ich aus einer relativen Unfreiheit zu Hause in eine Partnerschaft? Kann ich warten, arbeite ich auf diese Partnerschaft hin?
Das Blatt teilen kann auch heißen: Lebe einfacher, anspruchsloser!
• Könnte ich die Hälfte von dem abgeben, was mir gehört? Kann ich gut teilen? Was könnte ich alles aus meinem Zimmer, meiner Wohnung, entbehren – das, was ich drei oder fünf Jahre nicht mehr benutzt oder angesehen habe? Die Folge wäre: weniger sauberhalten, verwalten und bewachen müssen, also mehr leben können!

Stille

Unser Leben teilen kann auch bedeuten: Bete und arbeite, dann lebst du erfüllter! Du lebst immer in der Gegenwart Gottes, deshalb ist Arbeit nie „Job", Schule nie „ätzend", sondern Erfüllung des Auftrages Gottes.
• Lebe ich, um zu arbeiten? Feiere ich zu viel? Hat mein Terminkalender noch Zeit für das Hören auf Gott, für die Gemeinschaft der Christen, für mich selbst?

3. SELBSTLIEBE ÜBEN
(Wir falten das obere Drittel des Blattes nach unten.)
Wer das Leben teilen kann in Zeiten für Gottes- und Nächstenliebe, braucht ein gutes Drittel seiner Zeit für sich selbst: Damit ist nicht nur Essen und Schlafen gemeint, was leicht acht Stunden ausmacht.

Wer seinen inneren Brunnen füllen will, damit nicht irgendwann nur Schlamm ausgeteilt wird, braucht Zeit für die Selbstliebe (nicht Eigenliebe!): für das Hobby, das Buch, die Stille, eine Fernsehsendung, den Spaziergang ..., jedenfalls einen Freiraum, in dem ich mich selbst, meine Mitte wiederfinden kann; wo meine Seele durchatmet, weil ich etwas tue, was mir große Freude macht.

• Kämpfe ich um die Zeit für mich selbst? Verzettele ich mich, weil ich überaktiv bin? Fliehe ich in meiner Terminnot vor mir selbst?

4. DIE ZEITUMSTÄNDE DURCHKREUZEN

(Wir reißen den äußeren Rand ab.
Ich mache es vor:
Die gefaltete Kante ist links. Jetzt ca. 1 cm unter der oberen Kante das Papier abreißen – dann nach unten etwas breiter entlang der gefalteten Kante reißen. Das Papier bitte noch nicht entfalten – wir können warten!)

Zunächst deute ich das abgerissene Papier, das ihr hoffentlich umweltfreundlich entsorgt. Das Zerreißen bedeutet all das, was unsere schönen Pläne und Absichten durchkreuzt: eine Krankheit, ein Unfall ..., sie müssen nicht unbedingt mich treffen ...

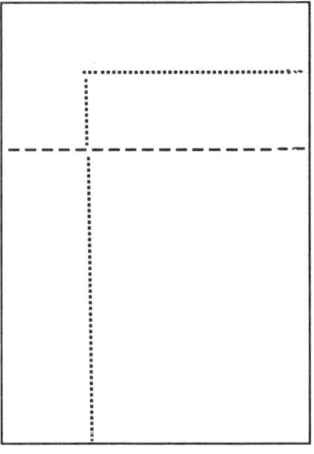

Das um ein Drittel herunterge-
faltete Blatt: - - - - - - - -
Der gepunktete Teil wird aus-
gerissen, oben schmäler als an
der linken Seite nach unten.

Jetzt bitte das Papier entfalten: Wir erkennen ein Kreuz. Unser Kreuz! Wir vergleichen es einmal mit dem des Nachbarn: Jedes Kreuz ist anders! Doch jeder darf sein Kreuz und seine Sorgen zu Jesus tragen.

Lied: All eure Sorgen ... (siehe „Troubadour" Nr. 503)

Schriftwort

Lk 9,23–24: Sein Kreuz täglich auf sich nehmen und Jesus nachfolgen!

• Vergleiche ich manchmal mein Kreuz mit dem der anderen und denke, die haben es leichter – oder schwerer? Wir alle wären zufriedener, wenn wir nur eine Woche lang das Kreuz eines anderen zu tragen hätten!

(Hier eventuell aus „Kurzgeschichten 1" Nr. 46 erzählen: Ein Mensch darf sich unter allen Kreuzen der Welt sein Kreuz aussuchen.) Darum nicht vergleichen!

• Muß ich wirklich mein Kreuz tragen? Kann ich nicht durch Ehrlichkeit und Mut zur Auseinandersetzung mein Kreuz erleichtern? Umgekehrt: Wer ein Stück an seinem Kreuz, das er nicht ändern kann, absägen will, beraubt sich eines Teiles seines Lebenssinnes!
(Hier eventuell aus „Kurzgeschichten 1" Nr. 47 bringen: Einem Menschen fehlt genau das Stück als Brücke über den letzten Abgrund, das er abgesägt hat.)
Wir können uns mit unserem Versagen (= Schatten, Schuld) in den Schatten des Kreuzes stellen (vgl. „Kurzgeschichten 1", Nr. 44). Das heißt: Stell dir vor, du warst einen Augenblick unachtsam und hast einen Fußgänger auf dem Zebrastreifen überfahren. Darüber kann ein Mensch wahnsinnig werden. Unser Glaube sagt: Jesus hat am Kreuz unsere Schuld auf sich genommen, auch meine. Ich muß zwar unter Umständen ein Leben lang versuchen, wieder gutzumachen, was ich angerichtet habe. Aber ich kann wieder lachen, weil mir der „Schatten" von der Seele genommen wurde. Daraus wachsen neue Kräfte. Darum ist das Kreuz Jesu Christi das große „Plus" in meinem Leben.
• Wächst zur Zeit mein Glaube an die Vergebung und Erlösung durch Jesus Christus?
Lied: Mach dich auf den langen Weg ... (Musik: aus Slowenien, T.: Diethard Zils, tvd-Verlag, Düsseldorf)

Schuldbekenntnis – Vergebungsbitte – Dankpsalm

Aktion
Nimm das Papierkreuz mit, oder reiß zu Hause ein neues, um dich zu erinnern.

Segen – Schlußlied
Jetzt ist die Zeit ... (siehe „Troubadour" Nr. 483)

14   Hoffnung, die uns leben läßt

(Bußfeier mit einem Faltblatt, das die Entwicklung vom Samenkorn bis zum ausgewachsenen Baum zeigt)

Vorbereitung
Kopieren Sie die Seiten 68/69 mit den beidseitigen Zeichnungen auf grünes Papier in DIN A3 oder A4, und falten Sie die jeweils größere Zeichnung nach nebenstehendem Plan nach innen.
Dann müßte das Samenkorn mit dem Leitsatz auf einer Hälfte sichtbar werden. Das gefaltete Blatt mit einer Büroklammer zusammenheften. Auf das gezeichnete Samenkorn kann ein echtes geklebt werden. (Wir nahmen die Wurzelknolle einer Anemone.)

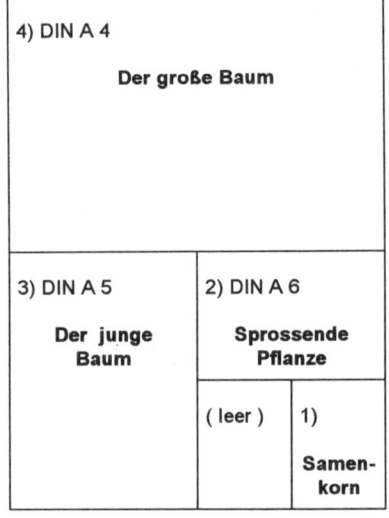

Vorbemerkung
Jede(r) Tln bekommt erst kurz vor Beginn das zusammengefaltete Blatt mit der ausdrücklichen Bitte, es noch nicht zu öffnen!

Lied – Persönliche Begrüßung

Gebet
Herr, unser Gott. Wir Menschen sind mit einem Baum vergleichbar. Wenn wir an deinen Wasserbächen gepflanzt sind, können wir mit unseren Wurzeln aus deiner Kraft wachsen. So laß uns jetzt eintauchen in deine Nähe und neue Hoffnung schöpfen. Darum bitten wir durch Christus, unseren Herrn.

GEWISSENSERFORSCHUNG – MEDITATION
(Eigene Gedanken einbringen und durch Lieder unterbrechen)

Fünf Bilder sind in dem kleinen zusammengefalteten Geschenk verborgen, das wir jetzt in unsere Hand nehmen. Wir können das

Auseinanderfalten abwarten und schauen zunächst auf das Samen-korn.

1. BILD: DAS SAMENKORN
Das Samenkorn liegt einsam in der dunklen Erde. Es braucht Zeit zum Kräfte-Sammeln.
• Wenn ich mich mit dieser Urzelle, diesem Samenkorn, vergleiche, aus dem ich als Mensch gewachsen bin: Habe ich im nachhinein „ja" dazu gesagt, daß meine Eltern mich wachsen ließen? Freue ich mich grundsätzlich darüber, daß ich leben darf? Glaube ich, daß auch Gott zu mir „ja" sagt? Habe ich die einmaligen Schätze, die nur in mir sind, schon entdeckt und gehoben? – Wenn ich müde oder angeknackst bin, suche ich die Stille, sogenannte „Brach-Minuten", um auszuruhen und wieder Kräfte zu sammeln? Oder betäube ich mich dann und fliehe, indem ich verrückte Dinge tue?

Stille

2. BILD: DIE SPROSSENDE PFLANZE
(Wir falten einmal auf:)
Die zarte Pflanze ist Wind und Wetter ausgesetzt, und ein unvorsichti-ger Schritt kann sie zertreten.
• Belastet es mich jetzt noch, daß ich überbehütet aufwuchs oder daß mir jeglicher Halt fehlte? Kann ich warten, oder geht mir mein äußeres und inneres Wachsen viel zu langsam? Kann ich von der Zukunft träumen, oder gucke ich zu sehr auf die Gegenwart?

Stille

3. BILD: DER JUNGE BAUM
(Wir falten wieder nur einmal auf:)
Dieser Baum – Symbol für uns Menschen: Er steht aufrecht, braucht starke Wurzeln, streckt sich der Sonne entgegen, soll Früchte tragen und ist sterblich.
• Habe ich schon starke Wurzeln entwickelt, damit auch ein kräftiger Sturm mir nicht schaden kann? Oder fühle ich mich bereits stellen-weise entwurzelt? Höre ich auf Menschen, die mein Wachstum im guten Sinne beschneiden möchten, damit ein Miteinander möglich wird? Oder wehre ich mich mit Recht gegen einen Stützstab, gegen eine Bevormundung?
Lied: Kleines Senfkorn Hoffnung ... (siehe „Troubadour" Nr. 104, darin der Text: „Werde zum Baum, der Früchte bringt ...")

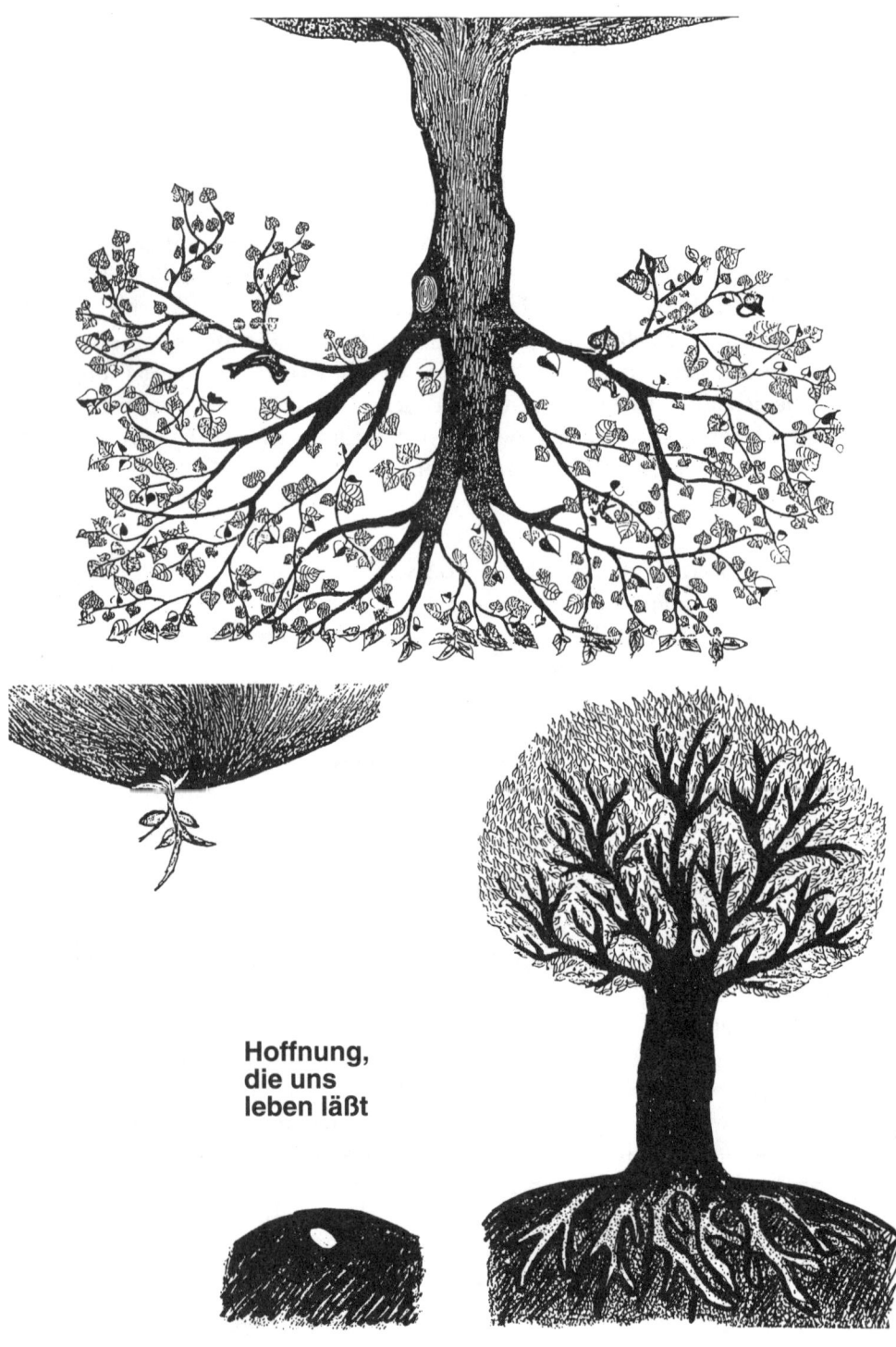

**Hoffnung,
die uns
leben läßt**

Hoffnung,
die uns
leben läßt

4. BILD: DER GROSSE BAUM

(Wir falten weiter auf:)

Dieser Baum bietet Herberge; er ist Hotel und Arbeitsplatz für Insekten, Würmer, Käfer und Vögel (ich sehe z.B. einen Vogel, der seine Jungen füttert). Dieser Baum wirft jedes Jahr Früchte ab, Keimkraft für unzählige neue Bäume.

• Bin ich dazu bereit, von anderen eingespannt zu werden? Kann ich abgeben und dienen? Gehe ich verantwortungsvoll mit meiner Geschlechtskraft um? Welche Früchte habe ich bisher gebracht?

Die Blätter an diesem Baum brauchen Stamm und Äste. Umgekehrt braucht der Stamm und das Geäst die Blätter, um atmen und leben zu können. Jesus spricht im Gleichnis vom Weinstock, mit dem die Reben verbunden bleiben müssen, wenn sie Frucht bringen sollen:

• Fühle ich mich als auf Jesu Namen Getaufter mit Jesus verbunden? Lebe ich aus seiner Gegenwart, aus dem Gespräch mit ihm, aus der Begegnung mit ihm in den Sakramenten? Bin ich sein lebendiger Ast, dessen Blätter in einem geheimnisvollen Prozeß aus der verdorbenen Luft neuen Sauerstoff produzieren können, d.h. für eine bessere Atmosphäre in der Welt sorgen?

5. BILD: DER MÄCHTIGE BAUM

(Wir falten weiter auf:)

Dieser mächtige Baum bringt unzählige Früchte, er kann Verletzungen und „blutende" Wunden verkraften. Er bietet jedem seinen Schatten an. Er ist für viele Hoffnung, die leben läßt. Er legt jedes Jahr einen neuen Lebensring unter seine Rinde, bis ihm seine Kraft genommen wird.

• Da, wo ich stehe, soll ich einmal in Treue stehen. Das Wort „Treue" kommt von dem Wort „drewo" und heißt „Baum". Treue heißt also: eine „baumstarke" Zuversicht haben! Sehe ich bei mir gute Voraussetzungen dafür, in Treue und Zuversicht meinen Platz auszufüllen und Früchte zu tragen? Bemühe ich mich, meine Äste weit zu entfalten, damit andere unter meinem Dach Schutz finden oder meine Früchte ernten können? Und wenn ich eine Zeitlang keine Früchte zu bringen vermag, glaube ich, daß Gott mir Zeit läßt und immer wieder neu eine Chance gibt?

Stille

Schrifttext
Dazu ein Wort aus der Heiligen Schrift:
Einmal erzählte Jesus folgendes Gleichnis: Ein Mann hatte in seinem Weinberg einen Feigenbaum, und als er kam und nachsah, ob er Früchte trug, fand er keine. Da sagte er zu seinem Weingärtner: „Jetzt komme ich schon drei Jahre und sehe nach, ob dieser Feigenbaum Früchte trägt, und finde nichts. Hau ihn um! Was soll er weiter dem Boden seine Kraft nehmen?" Der Weingärtner antwortete: „Herr, laß ihn dieses Jahr noch stehen; ich will den Boden um ihn herum aufgraben und düngen. Vielleicht trägt er doch noch Früchte!" (Lk 13,6–9).
So einer ist Jesus!: Er gibt uns immer wieder eine neue Chance.

Lied
Weil du „ja" zu mir sagst ... (siehe „Troubadour" Nr. 76)

Schuldbekenntnis – Vergebungsbitte
Wer bereut, daß er hinter seinen Möglichkeiten geblieben ist und sich an der Gemeinschaft versündigt hat, der spricht jetzt: Ich bekenne ...

Aktion
Pflanzt das Samenkorn ein, und wenn ihr es wachsen seht, erinnert euch ...

Segen – Schlußlied
Komm, bau ein Haus ... pflanz einen Baum ... (siehe „Troubadour" Nr. 150)

71

IV. Feiern der Umkehr mit Erwachsenen

15   Ein Licht gegen die Dunkelheit

(Bußfeier im Advent mit einem Teelicht)

Vorbereitung
Jeder erhält am Eingang ein Teelicht in einem Tontöpfchen. In jedem Gartencenter können Sie kleine Tontöpfchen (ohne Loch) kaufen, in die jeweils ein doppelt hohes Teelicht hineingestellt wird.

Lied zu Beginn
Licht, das die Nacht erhellt ... GL 103
oder: O Heiland, reiß die Himmel auf, 5. Str.: O klare Sonn ... GL 105
oder: Gott, heilger Schöpfer ... GL 116

Hinführung
Siehe Anhang 1, Nr. 9, 49, 53, 60, 79, 83, 89, 99.

Gebet
Guter Gott! In unserer Welt gibt es so viel freudlose, trotzige, verbissene Dunkelheit, die manchmal bis in unsere Seele reicht. Wir haben ein Licht in der Hand – ein kleines Licht. Zugegeben, es wird kaum über den Rand des Gefäßes leuchten, aber es kann *etwas* Licht und Orientierung geben, *wenn* ich es entzünde. Und die ganze große Finsternis der Welt wird machtlos sein gegen dieses winzige Licht. So laß uns heute die Chance erkennen, wenigstens wieder ein kleines Licht anzuzünden, statt über die Finsternis der Welt zu schimpfen. Darum bitten wir durch Christus, das Licht der Welt, unseren Herrn.

GEWISSENSERFORSCHUNG – MEDITATION
(Bitte auswählen und mit Liedern unterbrechen)

1. JEDER HAT GENÜGEND FÄHIGKEITEN, UM DIE WELT
   HELLER ZU MACHEN
Nehmen Sie bitte das Teelicht aus dem Tongefäß. Wir betrachten zunächst einmal den Klumpen Wachs mit dem Docht darin. Die geringe Menge Wachs reicht nicht aus für eine Zier- oder Osterkerze. Auch der Docht ist zu winzig, um etwas Großartiges damit anfangen zu können. Bevor sich aber beide im Selbstmitleid ergehen und Gott

und alle Welt anklagen, wie wenig sie mitbekommen haben, tun sie sich zusammen und bilden wenigstens ein Teelicht. So sind sie zu etwas nütze.

• Sehe ich noch meine Möglichkeiten und Fähigkeiten, die Welt etwas heller zu machen, oder habe ich mich ins Selbstmitleid geflüchtet? Auch wenn meine Kräfte schwinden: Überall kann ich noch zu etwas nütze sein. Lasse ich mich hängen? Was deprimiert mich, oder wann und wo resigniere ich sogar?

Stille

2. MEINE FÄHIGKEITEN EINBRINGEN

Entscheidend aber ist, wenn ich meinen Wachsvorrat entdeckt habe und auch meinen winzigen Docht berücksichtige, daß ich mein Licht brennen lasse. Das will uns folgende Geschichte sagen:

1. Spr.: Die Kerze, die nicht brennen wollte.

Nein, das hatte es noch nicht gegeben: Eine Kerze, die nicht brennen wollte, war absolut einmalig. Es herrschte große Aufregung unter den Kerzen im Wohnzimmer – zumal bald Weihnachten gefeiert werden sollte und die Kerzen mit ihrem festlichen Glanz die Dunkelheit verwandeln wollten. Eine alte, erfahrene Kerze bot sich an, mit der kleinen zu reden: „Nein, ich möchte nicht brennen", antwortete die Kleine störrisch. „Wer brennt, verbrennt recht bald, und dann ist es um ihn geschehen. Ich möchte bleiben, wie ich bin – so schlank, so schön und so elegant."

2. Spr.: „Wenn du nicht brennst, bist du tot, noch bevor du gelebt hast", antwortete die Alte gelassen. „Dann bleibst du auf ewig Wachs und Docht, und Wachs und Docht sind nichts. Nur wenn du dich entzünden läßt, wirst du, was du wirklich bist."

1. Spr.: „Na, da danke ich schön", entgegnete die Kleine ängstlich. „Ich möchte mich nicht verlieren, ich möchte lieber bleiben, was ich jetzt bin. Gut, es ist etwas langweilig und manchmal etwas dunkel und kalt, aber es tut noch lange nicht so weh wie die verzehrend flackernde Flamme."

2. Spr.: „Man kann es eigentlich nicht mit Worten erklären, man muß es erfahren", antwortete die Alte rätselhaft. „Nur wer sich hergibt, verwandelt die Welt, und indem er die Welt verwandelt, wird er auch mehr er selbst. Du darfst nicht über das Dunkel und die Kälte klagen, wenn du nicht bereit bist, dich anstecken zu lassen."

1. Spr.: Da ging der kleinen Kerze plötzlich ein Licht auf. „Du meinst, man ist das, was man von sich herschenkt?"

2. Spr.: „Ja", antwortete die Alte. „Man bleibt dabei nicht so schlank, so schön und so elegant. Man wird gebraucht und gerät auch etwas aus der Form. Aber man ist mächtiger als jede Nacht und alle Finsternis der Welt."

1. Spr.: So geschah es, daß die kleine Kerze ihren Widerstand aufgab und sich entzünden ließ. Je mehr sie flackerte, um so mehr verwandelte sie sich in reines Licht und leuchtete und strahlte, als gelte es, die ganze Welt zu wärmen und alle Nächte hell zu machen.

(Ulrich Peters [Hg.], Herders großes Weihnachtsbuch, Verlag Herder, Freiburg, 2. Auflage 1994)

• Brenne und verzehre ich mich noch für diejenigen, die mir anvertraut sind? Wende ich zuviel Zeit für mein Äußeres auf und für das Materielle, das mich umgibt, während mein Licht der Hingabe immer unsicherer flackert? Dürfen auch andere Lichter neben mir brennen? Baue ich nur auf meine eigenen Kräfte, oder lasse ich mich auch immer wieder aus dem Vertrauen auf Gott heraus darauf ein, weiter zu leuchten – wieder zu leuchten?

Stille

Lied: Weg, den ein Stern erhellt ... (siehe „Troubadour" Nr. 322)

3. DAS LICHT WEITERGEBEN

Von den Altarkerzen aus wird jetzt das Licht weitergegeben. Dabei werden nach und nach die Lampen in der Kirche gelöscht. Achten Sie genau auf den Vorgang: Sie nehmen das Teelicht heraus und kommen demjenigen näher, von dem Sie das Licht empfangen oder an den Sie es weitergeben. Manchmal erfordert es Geduld, bis das Licht überspringt. Es kommt eigentlich auch nicht darauf an, von wem wir das Licht empfangen oder an wen wir es weitergeben:
Entscheidend ist, daß wir es empfangen und weitergeben.

Entscheidend ist, daß wir bereit sind, die Welt etwas heller zu machen.
Entscheidend ist, daß wir uns dabei auf Gemeinschaft einlassen!
*(Wenn das Licht noch nicht alle erreicht hat, kann jetzt gesungen
werden: „Es werde Licht, das die Nacht durchbricht!" [Refrain aus
dem Ostertanzlied „Wir tanzen" aus: „Ein Halleluja für dich" LP
Pietbiet 1008, Peter Janssens Musikverlag, Telgte] oder der Kanon:
„Mache dich auf und werde Licht ..." [siehe „Troubadour" Nr. 148].)*
• Bin ich bereit, mich intensiv auf meine Mitmenschen einzulassen,
oder sind meine Enttäuschungen zu groß? Lasse ich mir von anderen
noch etwas schenken? Auch ihre Glaubenserfahrungen und Probleme?
Erzähle ich noch von meinem Glauben: den Kindern, den Enkeln, den
Brüdern und Schwestern, die mit mir auf dem Wege sind? Oder ist mir
das nicht mehr so wichtig? Lasse ich mich noch auf die Gemeinschaft
der Christen ein, die mein Zeugnis brauchen und deren Begleitung ich
brauche? Oder spielt sich nur etwas zwischen mir und Gott oder dem
Leiter der Gemeinschaft da vorne ab? Versäume ich manchmal die
Versammlung der Christen, die Sonntagsmesse, nach dem Motto:
„Einmal ist keinmal"?

Stille

Inzwischen ist es heller und gemütlich in der Kirche geworden – weil
wir alle bereit waren, zu nehmen und zu geben, zu geben und zu
nehmen.
Lied: Einer hat uns angesteckt ... (siehe „Troubadour" Nr. 116)

4. EIN KOSTBARER SCHATZ IN EINEM ZERBRECHLICHEN GEFÄSS

Wir nehmen das Tongefäß mit dem Licht in die Hände und betrachten
es: Ein kleiner, kostbarer Schatz in einem zerbrechlichen Gefäß. Dazu
hat Paulus im 2. Brief an die Korinther folgendes geschrieben:

Spr.:   Wir verkündigen in der Frohen Botschaft nicht uns selbst,
sondern Jesus Christus als den Herrn der Welt. Denn Gott,
der sprach: „Aus Finsternis soll Licht aufleuchten!", er ist in
unseren Herzen aufgeleuchtet, damit wir erleuchtet werden.
Diesen Schatz tragen wir in zerbrechlichen Gefäßen. So wird
deutlich, daß das Übermaß an Kraft von Gott und nicht von
uns kommt. Von allen Seiten werden wir von der Finsternis
in die Enge getrieben und finden doch noch Raum; wir
wissen manchmal weder aus noch ein und verzweifeln

dennoch nicht; wir werden gehetzt und sind doch nicht verlassen ... Wir wissen ja, daß der, welcher Jesus, den Herrn, auferweckt hat, auch uns mit Jesus auferwecken wird. Darum werden wir nicht müde. Wenn auch unser äußerer Mensch aufgerieben wird, der innere wird Tag für Tag erneuert. Denn die kleine Last unserer gegenwärtigen Not schafft uns in maßlosem Übermaß ein ewiges Gewicht an Herrlichkeit: Uns, die wir nicht auf das Sichtbare starren, sondern nach dem Unsichtbaren ausblicken. (Verkürzt und leicht verändert nach 2 Kor 4,5–18)

• Glaube ich an den kostbaren Schatz, an *das* Licht, das uns in Jesus aus der Herrlichkeit der unsichtbaren Welt entgegenleuchtet? Verliere ich mich total in meinen Problemen, oder schaue ich auch noch ein wenig über den Horizont dieser Welt hinaus, um neuen Sauerstoff einzuatmen? Ist mein inneres Gefäß schon zerbrochen, oder zeigt es Sprünge? Bin ich fähig, die Botschaft Jesu von Gerechtigkeit, Liebe und Frieden ein wenig zu verwirklichen?

Stille

Lied: Du bist das Licht der Welt ... (siehe „Troubadour" Nr. 59)

5. MICH HINGEBEN – WIE ICH AUCH BIN

Wir schauen in die Flamme des Teelichtes. Dieses kleine Licht reicht, an einer Stelle die Welt heller zu machen. Vielleicht hatten wir einmal Träume, eine große, reichverzierte Kerze mit einladender Farbe zu werden; aber war oder ist das entscheidend? Kommt es nicht darauf an, das zu sein, was ich bin, und zwar an der Stelle, wo Gott mich hingestellt hat? Das will uns auch die folgende Geschichte sagen:
Siehe „Kurzgeschichten 4", Nr. 173: „Die kleine Leuchte" *(von zwei Sprechern vortragen lassen)*. Inhalt: Eine kleine Leuchte erkennt als grelles Licht ihre wunderbaren Eigenschaften.

„Es ist das Wichtigste, was wir im Leben lernen können: das eigene Wesen zu finden und ihm treu zu bleiben. Allein darauf kommt es an, und nur auf diese Weise dienen wir Gott *ganz*: daß wir begreifen, wer wir selber sind, und den Mut gewinnen, uns selber zu leben. Denn es gibt Melodien, es gibt Worte, es gibt Bilder, es gibt Gesänge, die nur in uns, in unserer Seele schlummern, und es bildet die zentrale Aufgabe unseres Lebens, sie auszusagen und auszusingen. Einzig zu diesem

Zweck sind wir gemacht; und keine andere Aufgabe ist wichtiger, als herauszufinden, welch ein Reichtum in uns liegt. Erst dann wird *unser Herz ganz,* erst dann wird *unsere Seele weit,* erst dann wird *unser Denken stark.* Und erst mit *allen Kräften,* die in uns angelegt sind, dienen und preisen wir unseren Schöpfer, wie er es verdient."
(Eugen Drewermann, Das Markusevangelium, Zweiter Teil, S. 289f.)

• Leuchte ich, da wo ich stehe, oder diskutiere ich zuviel über den Sinn des Lebens, oder sehe ich zu oft vergleichend auf andere und werde *meinem* Heute nicht gerecht? Wenn Zweifel und Resignation, Bequemlichkeit und Gleichgültigkeit ab und zu meine Flamme löschen, lasse ich mich immer wieder von *dem* neu anstecken, der gesagt hat: „Ich bin das Licht der Welt! Wer mir nachfolgt, wird nicht in der Finsternis umhergehen!" (Joh 8,12)?
Damit wir Licht für diese Welt sind (Mt 5,14)!

Lied: Tragt eurer Güte hellen Schein ... GL 115, 3. + 4. Str.
oder: Ihr seid das Salz der Erde ... (Einzugslied der Ameländer Jugendmesse, LP Schwann-Studio 455).

Schuldbekenntnis – Lossprechungsbitte

Dankpsalm
Psalm 27 „Der Herr ist mein Licht und mein Heil" im GL Nr. 719 abwechselnd beten.

Aktion
Nehmen Sie das Teelicht im Tongefäß mit nach Hause. Vielleicht stellen Sie es mitten in den Adventskranz, um sich zu erinnern: an unser zerbrechliches Gefäß, in dem wir einen kostbaren Schatz tragen, und das kleine Licht, dessen Sinn es ist, einfach zu leuchten. Vielleicht pflanzen Sie später etwas in das Töpfchen und stellen es auf die Fensterbank.

Schlußlied
Ein Funke ist genug ..., 1. + 3. Str. (siehe „Troubadour" Nr. 6A)

16 Durch seine Wunden sind wir geheilt

(Bußfeier mit einem Nagel)

Vorbemerkung
Auf die Idee zu dieser Bußfeier brachte mich Rosa Rosenfellner aus A-3352 St. Peter/Au, die mir den unter „Vorbereitungen Nr. 1" geschilderten Nagel als Ostergruß zusandte. Bei den Texten inspirierte mich eine Meditation zu den Nägeln an der Osterkerze von Joachim Kardinal Meisner (vgl. „122 Symbolpredigten durch das Kirchenjahr", Nr. 35, Andere Idee; Matthias-Grünewald-Verlag, Mainz [3]1994).

Vorbereitungen
1. *Am Eingang erhält jede(r) Tln einen geschmiedeten Nagel, an den eine rote Schleife gebunden wurde mit der Aufschrift: „Durch seine Wunden sind wir geheilt" und umseitig: „Frohe Ostern!"*
2. *Ein möglichst großes Kreuz mit Corpus hängt gut sichtbar im Altarraum.*

Hinweis: Im Musikspiel „franz von assisi" (Text Wilhelm Willms, Musik Peter Janssens) sind in einem Lied die fünf Wunden des hl. Franziskus (zweimal Einsamkeit, Heimatlosigkeit, Sinnlosigkeit, Gottverlassenheit) vertont. Peter Janssens Musik Verlag, D-48291 Telgte, Tel. 02504-2474.

Lied – Persönliche Begrüßung

Hinführung
Siehe Anhang 1, Nr. 2, 3, 11, 14, 15, 16, 20, 22, 25, 27, 33, 39, 40, 42, 43, 53, 58, 63, 64, 82, 92, 99.

Gebet
Herr, unser Gott. Wir haben schon gehört oder erfahren, daß Leid und Krankheit uns positiv umformen können, neue Sichten für unser Leben schenken. Oft sagen Leute nach einem Schlaganfall oder Herzinfarkt, nach einer Chemotherapie oder persönlichem Leid: „Jetzt lebe ich anders – intensiver, dankbarer. Das Leid hat neue Akzente in mein Leben gebracht." Wir bitten dich, Herr: Laß uns auch ohne großes Leid jetzt Ausschau halten nach dem, was uns zum Guten verändern und Wunden heilen kann. Darum bitten wir durch Christus, unseren Herrn.

GEWISSENSERFORSCHUNG – MEDITATION
(Bitte auswählen und durch Lieder unterbrechen)

I. GRUNDSÄTZLICH:
DURCH SEINE WUNDEN SIND WIR GEHEILT

Wir schauen auf das Kreuz im Altarraum. Wir hören dazu die Lesung vom Leidensknecht und die Gedanken eines Mannes über den sehr schmerzvollen Tod eines freundlichen Menschen.

(Zunächst trägt der erste Sprecher die Lesung in normaler Lautstärke vor, wird dann leiser bis zum Flüstern, damit die Lesung des zweiten Sprechers gut vernehmbar wird. Er beginnt einfach wieder von vorn. Sobald der zweite Sprecher seinen Text beendet hat, liest der erste Sprecher die unten angegebenen Sätze wieder laut.)

1. Spr.: Lesung aus dem Buch Jesaja. Der Prophet spricht: Seht, der Leidensknecht. Keine Gestalt hatte er und keine Schönheit, daß wir nach ihm geschaut hätten. Er hatte kein Aussehen, daß er uns gefallen hätte. Verachtet war er, von den Menschen gemieden, ein Mann der Schmerzen, mit Krankheit vertraut. Wie einer, vor dem man das Gesicht verhüllt, war er verachtet, so daß wir ihn nicht schätzten. Doch er hat unsere Krankheiten getragen und unsere Schmerzen auf sich geladen. Wir aber hielten ihn für gezeichnet, von Gott geschlagen und gebeugt. Er wurde durchbohrt wegen unserer Missetaten, zerschlagen wegen unserer Vergehen. Uns zum Heil kam die Strafe über ihn. Durch seine Wunden wurden wir geheilt. – Durch seine Wunden wurden wir geheilt (Jes 53,2b–5).
    Keine Gestalt hatte er ... *(weiter wie oben, aber jetzt leiser sprechen bis hin zum Flüstern).*

2. Spr.: *(spricht jetzt über den „Hintergrund" der Jesaja-Lesung)*
    Bist du nun endlich zufrieden, Gott? Ist dieser dreifache Hiob sattsam gefoltert? Hat er unmenschlich genug geschrien und laut genug, daß du es hörtest? Die Mieter im Haus vernahmen es längst, sie hielten die Ohren nicht zu, sie hätten, wenn es in ihrer Macht stand, die Qual beendet, doch du, du kehrtest dich ab, du nahmst die Seufzer nicht wahr, das Gebrüll dieses Menschen, der das Leise geliebt hat, du hörtest nicht die gräßlich veränderte Stimme, die Stimme des Ketzers im Feuer, die Stimme dessen, den man rädert

und vierteilt – sprich: Nach welchen Gesetzen suchst du sie aus? Was hat dir dieser getan? Ein Mensch, der nach deinen Geboten gelebt hat, ein guter, freundlicher Mensch, der anderen half, ein Vorbild für viele, ein Mensch mit Geduld, mit Liebe und Hoffnung, ein Mensch, dem Unedles fremd war, ein Williger unter Verstockten, einer, der noch im Zweifel geglaubt hat, nein, kein Frommer nur für den Sonntag, er war auch fromm in der Woche (falls das geläufige Wort dir, Gott, noch etwas bedeutet), ihm war es nicht abhandengekommen, man hörte, toi toi toi, auf Holz ihn nicht klopfen, man hörte nicht „Zufall" ihn sagen, nein, er traute den Sinn dir zu, er glaubte zu wissen, daß du den Sperling, Gott, in der Hand hältst – warum, so frag ich, hast du die Hand geöffnet bei ihm?

(Aus: Rudolf Otto Wiemer, Ungewaschene Gebete, Patmos Verlag, Düsseldorf 1987, S. 34.)

Alternative: Siehe „Kurzgeschichten 3", Nr. 236: „Da habe ich gebetet."

1. Spr.: *(Sobald der 2. Sprecher zu Ende gelesen hat, wieder laut folgendes sprechen:)* Doch er hat unsere Krankheiten getragen und unsere Schmerzen auf sich geladen. Wir aber hielten ihn für gezeichnet, von Gott geschlagen und gebeugt. Durch seine Wunden wurden wir geheilt. – Durch seine Wunden wurden wir geheilt.

Stille

• Fragen wir uns: Glaube ich daran, daß Gott uns doch nahe ist in allem unmenschlichen, unbeschreiblichen Leid? Daß er uns in seinem Sohn einen Bruder gesandt hat, durch dessen Wunden wir bereits geheilt sind und jetzt schon Kraft erfahren können? Oder glaube ich in allem Zweifel eher an den Zufall, das Schicksal, das blind zuschlägt?

Im Petrusbrief heißt es – für uns schwer nachvollziehbar: „Wenn ihr Leiden erduldet, ist das eine Gnade in den Augen Gottes. Auch Christus hat für euch gelitten und euch ein Beispiel gegeben, damit ihr seinen Spuren folgt ... Durch seine Wunden seid ihr alle geheilt." (1 Petr 2,20b.21.24b)

Kann es sein, daß das Leid der Kranken auch uns hilft? Die Welt im

Gleichgewicht hält? Zumindest unsere Türme nicht in den Himmel wachsen läßt?

Stille

Lied
All eure Sorgen – bringt vor ihn ... (siehe „Troubadour" Nr. 503)

II. IM BESONDEREN
1. WIR BETRACHTEN DIE WUNDEN AN JESU HÄNDEN
Seit Ostern dürfen aus geballten Fäusten Hände werden, die zur Versöhnung bereit sind. Der Kain in uns könnte die Keule fallen lassen und *ehrlich* den Friedensgruß anbieten. Die Wunden an Jesu Händen erinnern uns an den hl. Franziskus, der die Wundmale Christi empfing: In seinen Händen ist kein Maschinengewehr vorstellbar; es sind zärtliche Hände, die einen Aussätzigen pflegen.
• Schenken meine Hände Vertrauen – oder schlage ich mit ihnen Wunden? Sehe ich meiner Hände Arbeit als Beitrag zur Erlösung unserer Welt, oder soll mir der „Job" nur das nötige Geld bringen? Raffen meine Hände – oder kann ich teilen? Sind meine Hände leer, weil ich sie überall heraushalte, oder bringe ich mich aktiv in die Gemeinschaften ein?

Stille

2. WIR BETRACHTEN DIE WUNDEN AN JESU FÜSSEN
Seit Ostern wissen wir: Wir sind nur Pilger in dieser Welt, die hier nicht endgültig zu Hause sind. Aus jeder Sackgasse darf ich mich zu einem Neubeginn aufmachen. Angesichts der Spur, die Jesus legte, darf ich dem Trampelpfad der öffentlichen Meinung nicht gedankenlos folgen, auch nicht den von den Medien gemachten Trends. – Wir hören dazu ein Beispiel aus vergangenen Tagen: Eine Frau bietet stellvertretend ihr Leben an.
Siehe „Kurzgeschichten 4", Nr. 57: „Sein Leben hingeben" *(auf zwei Sprecher/innen verteilen).* Inhalt: Wie Edith Stein und Maximilian Kolbe gibt auch die Französin, Mutter Elisabeth genannt, im KZ ihr Leben für eine Mutter mit einem Kind hin.

Alternative: Siehe „Kurzgeschichten 3" Nr. 240: „Das Zauber-Senfkorn". Inhalt: Eine schwergeprüfte Frau hört sich auf der Suche nach einem Haus ohne Leid den Kummer der Leute an und überwindet so den eigenen Schmerz.

Oder mehr für Kinder: „Er opferte sich für den Bruder". Inhalt: Ein Elfjähriger bietet sich für seinen kranken Bruder als Geisel an und wird über zwei Monate hin und her geschleppt. (Siehe „Kurzgeschichten 5", Nr. 53)

• Längst nicht jeder könnte so heroisch wie Elise Rivet bzw. Mutter Elisabeth leben, aber habe ich Augen für die verdrossenen oder auch leidvollen Mienen der Mitmenschen? Versuche ich, in versperrte Räume vorzudringen? Ist mir der Besuch eines Kranken oder Notleidenden wichtiger als der noch so interessante Film im Fernsehen? Bin ich durch meine Termine so „zu", daß für Kranke keine Zeit mehr bleibt? Ist mir der regelmäßige Gang zur Sonntagsmesse neben dem Dank an den Schöpfer und Erlöser auch deshalb wichtig, weil dadurch die Gemeinschaft der Christen untereinander erfahrbarer wird – so bruchstückhaft sie auch sein mag!?

Stille

3. WIR SCHAUEN AUF DAS HAUPT JESU MIT DER
   DORNENKRONE
Da hängt unser König „von unten", verspottet und verachtet besonders von den Soldaten und Mächtigen. Seit Ostern wachsen aus diesen Dornen wieder Rosen, wird das „Kreuzige ihn" wieder zum „Hosianna", haben Leid und Tod nicht mehr das letzte Wort.
• Wie verhalte ich mich, wenn ich um meines Glaubens willen gehänselt oder belächelt werde? Wende ich – wie der eine Räuber am Kreuz – meinen Kopf im Stolz manchmal von Gott ab und suche Rat bei den falschen Leuten, oder neige ich mich wie der andere in Demut und Reue Jesu zu und bitte um sein Erbarmen? Wird in meinem Kopf Zuneigung geboren, Freundlichkeit und Trost oder eher Zank, Feindschaft und Rachsucht?

Stille

Lied
O Haupt voll Blut und Wunden ... GL 179, 1. + 2. Str.

4. WIR SCHAUEN AUF DAS VON DER LANZE GEÖFFNETE
   HERZ JESU
Seit Jesu Tod steht sein Herz offen für alle Menschen; hinzu kommen seine ausgebreiteten Arme, als möchten sie uns umfangen. Deutlicher

kann die Liebe Gottes nicht gezeigt werden. Wir dürfen an allem zweifeln, nur nicht an dieser Barmherzigkeit Gottes.

Versuche ich, mein Herz nach diesem Herzen zu bilden? Bin ich manchmal herzlos und unversöhnlich? Ist mein Herz hin und wieder eine Mördergrube oder härter noch als Stein?

Stille

Das schlimmste Herz ist nicht das voller Haß oder das steinerne; das schlimmste ist ... Wir hören es aus folgender Kurzgeschichte: Siehe „Kurzgeschichten 5", Nr. 110: „Gleichgültigkeit – das Gegenteil von Liebe". Inhalt: Elie Wiesel schildert seinen Abtransport nach Auschwitz und erinnert sich noch genau an das Gesicht eines Mitbürgers.

Alternative: Siehe „Kurzgeschichten 5", Nr. 117: „Zivilcourage". Inhalt: Mut und Opferbereitschaft bei Unfall.

Oder: Siehe „Kurzgeschichten 4", Nr. 225: „Selig, die arm sind vor Gott". Inhalt: Auch der Süchtige braucht den Glauben an den Barm*herz*igen nicht zu verlieren.

• Das schlimmste Herz ist also das gleichgültige: Habe ich vielleicht auch ein Konsumenten-Herz? Nehme ich bereits ohne innere Anteilnahme das Leid der Welt bei den Nachrichten zur Kenntnis? Interessiert mich der Asylanten-Container im Dorf oder in der Nachbarschaft überhaupt nicht? Schweige ich beim Geschwätz an mancher Theke, wenn über Ausländer, Aussiedler und Asylanten hergezogen wird? Sympathisiere ich sogar mit der rechten oder linken Szene, mit Gewalt die anstehenden Probleme zu lösen? Ich habe Ausländer doch nötig, z.B. wenn ich im Krankenhaus liege, im Restaurant speise und mein Müll abtransportiert wird!

Meditationsmusik
Aus Händels „Messias": Durch seine Wunden sind wir geheilt.

Lied
Mach dich auf den langen Weg ... (Mel. aus Slowenien, T.: Dithard Zils, tvd-Verlag, Düsseldorf)

III. ZUSAMMENFASSUNG
„Durch seine Wunden sind wir geheilt." Jesus am Kreuz zeigt uns, wo es für uns Christen langgeht.

1. Spr.: Das Kreuz des Jesus Christus durchkreuzt,
was ist, und macht alles neu.

2. Spr.: Was keiner wagt, das sollt ihr wagen.
Was keiner sagt, das sagt heraus.
Was keiner denkt, das wagt zu denken.
Was keiner anfängt, das führt aus.

1. Spr.: Das Kreuz des Jesus Christus durchkreuzt,
was ist, und macht alles neu.

2. Spr.: Wenn keiner ja sagt, sollt ihr's sagen.
Wenn keiner nein sagt, sagt doch nein!
Wenn alle zweifeln, wagt zu glauben.
Wenn alle mittun, steht allein.

1. Spr.: Wo alle loben, habt Bedenken.
Wo alle spotten, spottet nicht.
Wo alle geizen, wagt zu schenken.
Wo alles dunkel ist, macht Licht.

2. Spr.: Das Kreuz des Jesus Christus durchkreuzt,
was ist, und macht alles neu.

(Lothar Zenetti. © Strube Verlag, München–Berlin)

„Durch seine Wunden sind wir geheilt." Ein schwieriger Gedanke. Mir
ist das Kreuz, das mich belastet und doch rettet, einmal so richtig
klargeworden in dem Drama von Paul Claudel „Der seidene Schuh".
Da überfallen Piraten ein Schiff, binden den Kapitän an einen Mast
und versenken dann das Schiff. Kurz darauf schwimmt der Kapitän –
an diesen Mast gebunden – auf der endlosen Fläche des Ozeans und
betet im Angesicht des Todes: „Herr, ich bin sicher, daß *du* mich so
gefesselt hast. Enger kann ich nicht an dich gebunden sein. Und mag
ich auch meine Glieder eines um das andere durchgehen, keines kann
ich auch nur ein wenig von dir entfernen. Und so bin ich wirklich ans
Kreuz geheftet. Das Kreuz aber, das mich fesselt, rettet mich!" (Vgl.
„Kurzgeschichten 4", Nr. 63.)

Alternativen:
„Kurzgeschichten 1", Nr. 44: Sich in den Schatten des Kreuzes stellen.
„Kurzgeschichten 1", Nr. 49: „Geschichte vom Bambus". Inhalt: Der
zerbrochene Bambus bringt erst den Segen.
„Familien- und Jugendgottesdienste", Jan. 94: Erstkommunionfeier

mit dem Symbol „Rose". Inhalt: Aus Dornen können Rosen erblühen. (Bergmoser + Höller Verlag, Aachen)

Schuldbekenntnis – Vergebungsbitte – Dankpsalm – Segen

Das Kreuz aber, das mich fesselt, rettet mich. Vor diesem Kreuz gestehen wir jetzt unsere Schuld und sprechen: ...

Entlaßgruß

Nehmen Sie bitte den Nagel mit dem tröstlichen Spruchband als Symbol für diese Bußfeier mit nach Hause, und legen Sie ihn irgendwo augenfällig hin, damit Sie die frohe Botschaft nicht vergessen: Durch seine Wunden sind wir geheilt.

Lied

In dieser Nacht sei du mir Schirm und Wacht, bes. die 2. Str.: Die heilgen Wunden dein mir sollen Ruhstatt sein für meine Seele ... GL 703, 1.–3. Str.

17 Die Tür zum Leben

(Bußfeier mit einer Tür)

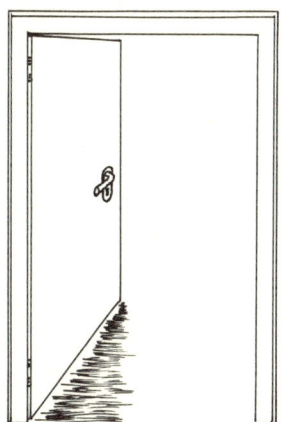

Vorbemerkung
In dieser Bußfeier kamen mir zum Teil Gedanken zugute von Martin Ebner/Stefan Mai, Wenn aus Steinen Rosen wachsen, 22 Bußgottesdienste, Echter Verlag, Würzburg 1991, S. 13–16 und S. 42–44.

Vorbereitung

1. *Im Altarraum steht in einem Türstock eine Tür (vom Schreiner ausleihen). Alles Geräuschdämpfende ist entfernt, so daß ein Zuknallen gut zu hören ist; auch steht ein Mikrofon in der Nähe, das ein klopfendes Geräusch gut wiedergibt.*
2. *Ein Besen, der zu Punkt 4 der Gewissenserforschung vor die Tür gestellt wird.*
3. *An jede(n) Tln kann die Postkarte Nr. 23095 168 von Fotokunst Groh, D-82237 Wörthsee, ausgegeben werden. Sie zeigt ein geöffnetes Tor. Die Postkarte Nr. 2536 153, ebenfalls von Groh, hat den Textaufdruck: „Jesus Christus spricht: Ich bin die Tür" (Joh 10,9).*

Lied zu Beginn
O Heiland, reiß ... Tor und Tür auf ... GL 105, 1. + 2. Str.

Hinführung
Durch wie viele Türen sind wir heute schon gegangen, ohne darüber nachzudenken, wie schön eine offene Tür ist, wie schmerzlich eine geschlossene sein kann und wie wichtig es ist, die richtige Tür zu finden!?
Oder: Siehe Anhang 1, Nr. 1, 58, 69, 74, 95, 96.

Gebet

Mächtiger Gott! Es gibt so viele Türen in deiner Welt: Türen, an denen es klopft, Türen als Schutz, hinter denen wir uns geborgen fühlen; zugeknallte Türen. Nur Liebe öffnet alle Türen. Sie läßt uns auch erkennen, welche Türen wichtig sind. Hilf uns jetzt, die Tür zu einem erfüllteren Leben aufzustoßen. Darum bitten wir durch Christus, unseren Herrn. Amen.

(Hinweis: Schauen Sie bitte ab und zu auf die Postkarte, die Sie erhalten haben.)

GEWISSENSERFORSCHUNG – MEDITATION
(Bitte auswählen und durch Lieder unterbrechen)

1. DIE TÜR ZUM LEBEN

Wir schauen auf die geschlossene Tür im Altarraum und hören dazu eine Geschichte:

Siehe „Kurzgeschichten 2", Nr. 152: „Auf der Suche nach Wahrheit" *(auf zwei SprecherInnen verteilen)*. Inhalt: Ein russischer Philosoph verbringt eine ganze Nacht auf dem Klosterflur, ohne seine Tür zu finden, obwohl er oft nahe an ihr vorbeiging. So ist das auch im Leben ...

• Habe ich die Tür zu einem erfüllten Leben gefunden? Ist mir klar, daß es für mich nur eine Tür gibt und ich an vielen anderen Türen vorbeigehen muß, um durch meine einzutreten? Oder möchte ich mir möglichst viele Türen offenhalten und lebe deshalb ohne Entscheidung, innerlich hin- und hergeworfen, ziel- und vielleicht sogar sinnlos?

Welche Türen bei den zahllosen Angeboten muß ich schließen, um mich nicht zu verirren? Habe ich die Sonne des Glaubens, die „Sonne der Gerechtigkeit" – wie wir in einem Lied singen – schon wahrgenommen, um in diesem Licht die richtige Tür zu finden? Die Tür zum wirklichen Leben!

Stille

Meditation (eventuell)

1. Spr.: Du kannst dir nicht ein Leben lang
die Türen alle offenhalten,
um keine Chance zu verpassen.
Auch wer durch keine Türe geht

und keinen Schritt nach vorne tut,
dem fallen Jahr für Jahr
die Türen eine nach der andern zu.

2. Spr.: Wer selber leben will,
der muß entscheiden: Ja oder nein –
im großen und im kleinen.
Wer sich entscheidet: wertet, wählt,
und das bedeutet auch Verzicht.
Denn jede Tür, durch die er geht,
verschließt ihm viele andere.

1. Spr.: Man darf nicht mogeln und so tun,
als könne man beweisen,
was hinter jener Tür geschehen wird.
Ein jedes Ja – auch überdacht, geprüft –
ist zugleich Wagnis und verlangt ein Ziel.

2. Spr.: Das aber ist die erste aller Fragen:
Wie heißt das Ziel,
an dem ich messe Ja und Nein? – – –
Und: Wofür will ich leben?

(Paul Roth. Rechte beim Autor)

2. „ICH STEHE VOR DER TÜR UND KLOPFE AN"
   (Offb 3, 20a)

Wir hören auf das Klopfen an der Tür.
(Einer klopft an der Rückseite der Tür.)
Es klopft. Wer könnte da an unsere Tür klopfen? – In den weihnachtlichen Spielen von der Herbergssuche schnürt es uns das Herz zusammen, wenn wir hören, daß damals in Bethlehem Maria und Josef alle Türen verschlossen blieben. Hätten wir unsere Tür geöffnet?
(Es klopft.)
• Freue ich mich über einen überraschenden Besuch? Habe ich eine Tür geöffnet durch Lachen, ein gutes Wort, durch Zuhören?
(Es klopft.)
• Wie empfange ich die Spielgefährten meines Kindes? Die Verwandtschaft?
(Es klopft.)
• Welche Türen verschließen wir für die kommenden Generationen

durch unseren Konsum und unseren unverantwortlichen Umgang mit der Natur?

(Es klopft.)

Wenn es nun ein Asylant aus einem „Container" – welch bezeichnendes Wort! – wäre? Ein Durchreisender? Ein Ausländer? Ein Deutscher aus den östlichen Bundesländern, aus der Ukraine ...? Reichen meine Ausreden? Pauschalisiere ich, oder vertrete ich einen eigenen Standpunkt?

(Es klopft.)

Jesus sagt: „Was ihr für einen meiner geringsten Brüder und Schwestern getan habt, das habt ihr mir getan!" (Mt 25,40).

(Es klopft.)

Im letzten Buch der Bibel spricht Jesus: „Ich stehe vor der Tür und klopfe an. Wer meine Stimme hört und die Tür öffnet, bei dem werde ich eintreten!" (Offb 3,20 a.b).

• Gott wohnt, wo man ihn einläßt. Wenn er also an meine Herzenstür klopft: Habe ich noch Platz und Zeit für ihn? Ist er bei mir noch erwünscht? Oder habe ich sogar Angst, er könnte mich eindeutiger fordern?

Meditation (eventuell)

1. Spr.:   Ich klopfte an deine Tür,
          ich klopfte an dein Herz,
          um einen Rastplatz zu finden
          und etwas Menschlichkeit:
          Warum schickst du mich weg?
          Öffne mir, Freund!

2. Spr.:   Warum fragst du mich,
          ob ich aus Afrika komme,
          ob ich aus Amerika komme,
          ob ich aus Asien komme,
          ob ich aus Europa komme?
          Öffne mir, Bruder!

1. Spr.:   Ich bin nicht schwarz,
          ich bin keine Rothaut,
          ich bin kein Gelber,
          ich bin kein Weißer:
          Ich bin nur ein Mensch!
          Öffne mir, Kind Gottes – wie ich!   (Quelle unbekannt)

Lied
O Schlüssel Davids ..., Du Sonne der Gerechtigkeit ... GL 112, 5. + 6.
Str.;
(ähnlich GL [Diözesananhang des Erzbistums Köln] 831, 5. + 6. Str.);
oder: Suchen und fragen ... (siehe „Troubadour" Nr. 526)
oder: Macht hoch die Tür ... GL 107, 1. + 4. Str.

3. EINE ZUGEKNALLTE TÜR
Wir schauen wieder auf die Tür und hören in uns hinein!
(Die Tür wird zugeknallt.) Bin ich oft zornig, unbeherrscht,
rücksichtslos?
(Die Tür wird zugeknallt.)
• Wo sperre ich aus, weil ich stolz bin, besserwisserisch, rechthabe-
risch, eigensüchtig?
(Die Tür wird zugeknallt.)
• Wo war oder bin ich unversöhnlich?
(Die Tür wird zugeknallt.)
• „Kann ich mitspielen?" „Wer hilft mir beim Aufräumen?" „Können
Sie die Musik etwas leiser stellen?"
(Die Tür wird zugeknallt.)
• „Nein, wir geben nichts!"

Stille

4. VOR DER EIGENEN TÜR KEHREN
Wir sehen einen Besen vor der Tür.
Umkehren hat mit „kehren" zu tun! – Es ist leicht und verführerisch,
auf den Dreck anderer zu zeigen, anstatt vor der eigenen Haustür zu
kehren! Wir wirbeln gerne bei anderen Staub auf und – bei uns wird
alles unter den Teppich gekehrt?
(Ins Mikrofon flüstern:)
Du, die müssen ihren Sohn vom Gymnasium nehmen – und haben
immer so große Töne gespuckt! – Übrigens, bei denen stimmt's
daheim auch nicht mehr! – Ja, der geht auch nicht mehr in die Kirche!
– Die haben sich mit ihrem Haus doch finanziell übernommen! – Der
macht sich in der Pfarrei auch unersetzlich! *(Wieder normal sprechen:)*
Wie begegne ich demjenigen, der versucht, mich darauf aufmerksam
zu machen, was alles unter *meinem* Teppich liegt?

Spr.:   Jesus sagt: „Warum siehst du den *Splitter* im Auge deines Bruders, aber den Balken in deinem Auge bemerkst du nicht? Wie kannst du zu deinem Bruder sagen: Laß mich den Splitter aus deinem Auge herausziehen – und dabei steckt in deinem Auge ein Balken? Du Heuchler! Zieh zuerst den Balken aus deinem Auge, dann kannst du versuchen, den Splitter aus dem Auge deines Bruders oder deiner Schwester herauszuziehen" (Mt 7,3–5).

Wenn jeder vor seiner Tür fegt, wird es überall sauber. (Sprichwort)

Lied

Weg, den ein Stern erhellt, darin: Schlüssel, der die Tür aufschließt ... (siehe „Troubadour" Nr. 322)

5. DIE GEÖFFNETE TÜR

Wir schauen auf die geöffnete Tür.

Schon als Kind haben wir gerne die Türchen am Adventskalender geöffnet. Das geht nur Tür für Tür; ich brauche also Geduld bei mir und anderen, wenn ich Türen öffnen will.

• Bin ich selbst ein „offener" Mensch geworden, der gerne seine Herzenstüren öffnet? Oder bin ich eher geizig, d.h. öffne ich meine Tür immer nur einen Spalt? – „Dem Freundlichen stehen alle Türen offen!" Bin ich deshalb nicht so erwünscht, weil ich eher griesgrämig und engherzig bin?

Hat unser Haus eine offene Tür für Gäste? Aber nur für die angenehmen, standesgemäßen, gleichrangigen, erfolgreichen? Jesus sagt: „Wenn du ein Essen gibst, so lade nicht deine Brüder und Schwestern, deine Verwandten oder reiche Nachbarn ein; sonst laden auch sie dich ein, und damit ist dir wieder alles vergolten. Nein, lade die ein, die sich nicht revanchieren können!" (nach Lk 14,12–14). Das ist natürlich nicht durchzuhalten, eine Zielvorstellung! Aber verhalten wir uns bei Einladungen anders als diejenigen, die nicht an Christus glauben?

Wie offen ist unsere Gemeinde für unruhige Kinder, für Auswärtige? Öffne ich meinen Kindern und Enkeln die Tür zu einem Leben aus dem Glauben, und überzeuge ich dabei durch mein Vorbild?

Sehe ich im Friedensgruß eine geöffnete Tür? Wenn ja, dann tauschen wir ihn jetzt untereinander aus: Der Friede Christi sei mit euch! *(Austausch)*

(Hier könnte auch aus „Kurzgeschichten 3" die Nr. 147 vorgelesen werden: „Die Türklinke". Inhalt: Die Türen des Friedens haben die Klinken innen.)

6. DER GEÖFFNETE TABERNAKEL

Wir schauen durch die geöffnete Tür auf den Tabernakel, den ich jetzt aufschließe. Wir knien uns dabei! *(Aufschließen)*
(Nehmen Sie jetzt bitte die Postkarte in die Hand. Auf ihr steht [könnte stehen]: Jesus Christus spricht: „Ich bin die Tür." Eine Tür, die uns in eine ganz andere Welt blicken läßt.)
Jesus sagt: „Ich bin die Tür! Wer durch mich hineingeht, wird gerettet werden!" (Joh 10,9). Jesus hat die Tür zum Leben mit Gott geöffnet (Offb 1,18b). Jeder, der am Ende des Lebens durch diese Tür in der Mauer des Todes eintreten will – das muß ich „leisten" –, darf darauf vertrauen, daß er in die offenen Arme des barmherzigen Vaters läuft. Über der Tabernakeltür sehen wir das Kreuz: Jesus mit den stets zur Umarmung bereiten Händen; ja, auf diese Haltung hat er sich „festnageln" lassen: Komm in meine Arme! Glaube ich das? Vertraue ich darauf? –

Stille

Instrumentalmusik
Dazu setzen wir uns wieder und „halten die Seele in die Sonne Gottes".

Lied
O komm, o komm, Immanuel ... (Mit Davids Schlüssel niedersteig ...)
GL (Diözesananhang des Erzbistums Köln) 829, 4.+ 5. Str.
oder: Wachet auf ... (Von zwölf Perlen sind die Tore ...) GL 110, 3. Str.

Schuldbekenntnis – Vergebungsbitte

Entlassung
1. *(Wenn die Teilnehmerinnen und Teilnehmer zu Beginn die Postkarte bekamen:)*
   Stellen Sie diese Karte bitte an den Adventskranz, um sich zu erinnern, ob Ihre Haustür und Ihre innere Herzenstür auf dem Weg sind, sich zu öffnen.
   Oder: Schicken Sie die Karte einem, der zu Ihnen die Tür schon

seit Jahren zugeschlagen hat. Wir vergeben uns nichts, wenn wir alle paar Jahre einen neuen Versuch starten: Vielleicht hat sich die Einstellung beim anderen geändert!

2. Halten Sie bitte Ihre Türen offen: die Haustür und die Tür des Herzens. Bleiben Sie aufmerksam für alles und jeden, der auf sie zukommt. Halten Sie den Blick frei für den, der da kommen will.

Schlußlied

Tauet Himmel ... (Verschlossen war das Tor, bis der Heiland trat hervor): Z.B. GL (Diözesananhang des Erzbistums Köln) 830,1; *oder:* Macht hoch die Tür ... (... meins Herzens Tür dir offen ist) GL 107, 5. Str.
(Die Tabernakeltür wird erst nach dem Lied geschlossen.)

ANHANG

1. Stichworte, die noch zu anderen Gewissensfragen führen können: frischer Wind bei offenen Türen; den Fuß in die Tür setzen; Verbindungstür; Hintertür; Panzertür ...

2. Im Märchen der Brüder Grimm „Das Wasser des Lebens" spielt auch ein Tor eine große Rolle, das durchschritten sein muß, bis es zwölf schlägt. Der jüngste Sohn des Königs schaffte es soeben. Und was hielt ihn so lange auf? Weder ein großer Saal mit Kostbarkeiten noch eine schöne Frau, aber ein einladendes, frisch bezogenes Bett zum Ausschlafen(!).

18 Schweiß und Tränen trocknen

(Bußfeier mit einem Taschentuch = dem „Schweißtuch der
Veronika")

Vorbemerkung
Zwischen „Taschentuch" und „Schweißtuch" wird in dieser Bußfeier kein Unterschied
gemacht.

Vorbereitung
1. *Jede(r) Tln erhält ein ca. 25 cm² großes Tüchlein (Tuchreste besorgen – gegen Spendenquittung); die Farbe ist unerheblich.*
2. *Eindrucksvoll zu diesem Thema ist das Bild von Sieger Köder „Frauen, die um ihn klagten", Veronika: Dia Nr. 25 in der Reihe „Bilder zum Neuen Testament" im Schwabenverlag, D-73745 Ostfildern. Eventuell auf Dekanatsebene ausleihen.*

Hinführung
Das Tüchlein, das wir alle bekommen haben, soll uns an das
Schweißtuch der Veronika erinnern. In der Bibel ist sie nicht erwähnt.
Aber in der christlichen Tradition lebt sie fort. So heißt es in der 6.
Kreuzwegstation (GL 775,6): „Veronika sieht Jesu Leid und die Roheit
der Soldaten. Sie fragt nicht, was die Menschen denken. Mutig dringt
sie durch die Menge und bietet dem Herrn das Schweißtuch dar, in das
er sein Antlitz drückt."

Zusätzlich: Siehe Anhang 1, Nr. 1, 2, 11, 14, 18, 20, 22, 25, 40, 41, 49,
53, 58, 59, 60, 63, 64, 66, 68, 71, 74, 82, 100.

Gebet
(*Gl* fordert dazu auf, das Tuch in die Hand zu nehmen.)
Herr und Gott. Mit solch einem Tuch trocknete Veronika zärtlich das
schweißnasse und blutig geschundene Gesicht Jesu ab. Sie zeigte
keine Angst, ihn zu berühren. Als Lohn erhielt sie das Abbild Gottes in
ihr Schweißtuch: Wer Gott suchen will, kann ihn im Angesicht der
Leidenden finden. Wir bitten dich, Herr: Öffne uns in dieser Feier die
Augen für uns selbst und für die Gelegenheiten, in denen wir Schweiß
und Tränen trocknen können. Darum bitten wir ...

GEWISSENSERFORSCHUNG – MEDITATION
(Bitte auswählen und durch Lieder unterbrechen)

1. DEN BLICK HABEN ODER: FÜHLEN LERNEN

Ist es Zufall, daß viele *Frauen* den Leidensweg Jesu begleiteten? Die Bibel und die christliche Tradition berichten von Maria (4. Kreuzwegstation und unter dem Kreuz: Joh 19,25), der Schwester Mariens und Maria von Magdala (Joh 19,25), von Veronika (6. Kreuzwegstation) und den weinenden Frauen (Lk 23,27–31). Die Männer schneiden schlecht ab: Simon von Cyrene hilft zwar, aber er muß dazu gezwungen werden (Mt 27,32; Mk 15,21; Lk 23,26); der Jünger Johannes findet sich zwar unter dem Kreuz ein, war aber vorher mit den anderen geflohen, und Josef von Arimathäa und auch Nikodemus reagieren erst, als alles zu spät ist; aber immerhin stellt Josef seine Grabstätte zur Verfügung (Mt 27,57–60; Mk 15,42–46; Lk 23,50–54; Joh 19,38–42).

Es ist wohl kein Zufall, da Männer meistens so erzogen wurden, anderen keine Schwächen zu zeigen. Dadurch ist ihnen viel Zärtlichkeit verlorengegangen und oft Gefühllosigkeit gewachsen. So heißt es in einem modernen Gedicht:

1. Spr.: Ich habe das Fühlen nicht gelernt.
Seit Jahren war Kämpfen, Behaupten,
Durchhalten und Abrechnen wichtiger.
Man hat Beweise von mir verlangt,
und ich habe sie geliefert.
Leistung war gefragt, und ich habe sie geboten.

2. Spr.: Sicherheit sollte gezeigt werden,
und ich habe Sicherheit gezeigt,
auch wenn ich sehr unsicher war.
Schlagfertigkeit wurde beklatscht,
und ich habe mich darin geübt.

1. Spr.: Das alles hilft mir jetzt nicht,
zu Dir gelange ich nicht über diese Wege.
Zu Dir muß ich mich hinfühlen,
das habe ich gemerkt.
Aber wie mache ich das?

2. Spr.: Ich will das Fühlen lernen wie eine Fremdsprache.
Ich will das Empfinden üben – wie Schritte zu Dir.

(Ulrich Schaffer, Ich will zart sein mit dir, Kreuz-Verlag, Stuttgart 1985)

• Mache ich meinen kleinen Sohn lächerlich, wenn er mit Puppen spielt? Sollen Mädchen nicht so oft mit dem Computer spielen? Leidet meine Partnerin darunter, daß ich abblocke, wenn das Gespräch auf die Gefühlsebene abzielt? Sitzen auch in mir die Blindheit und Verstocktheit, die vielen Männern und Mächtigen zu eigen ist? Kann ich zärtlich sein? Schäme ich mich meiner Tränen?

Stille

2. DURCH UNTERLASSEN SÜNDIGEN

Am Wegrand der engen Einkaufsgassen steht neben Teilnahmslosen und Neugierigen, neben Spöttern und Mitleidlosen ein Mensch voller Mut und Entschlossenheit. Sie alle besitzen ein Schweiß- oder Taschentuch, aber nur eine liebende Frau ist unter den Augen der brutalen Fanatiker zu einer zarten Geste der Liebe fähig. Sie ändert zwar nicht das Schicksal Jesu, aber sie lindert seinen Schmerz. Durch ihre Berührung läßt sie ihn spüren: Ich leide mit dir.
• Wir alle stehen heute am Kreuzweg der Menschen, deren Schicksal durch die Massenmedien mitten in unser Wohnzimmer dringt. Und wir alle besitzen ein „Taschentuch" – lassen wir nur schön grüßen? Wir können den Lauf der Welt nicht ändern, aber wischen wir wenigstens an einer Stelle den Schweiß aus einem verkrampften Gesicht? Halte ich einem Kranken, der mir nahesteht, die Hand, oder betrachte ich sein Elend nur aus sicherer Entfernung? Beuge ich mich ganz nahe über ein Unfallopfer – und berühre es –, damit es nicht zu sehr an der Einsamkeit leidet, oder schaue ich nur neugierig aus einem Sicherheitsabstand zu?
Wieviel Zeit nehme ich mir für die Informationen, die ich aus Fernsehsendungen, Illustrierten und Zeitungen schöpfen kann? Und wenn ich dann bis unter die Haarwurzeln Bescheid weiß, wem nützen dann diese Informationen – nur interessanter Gesprächsstoff? Wir verhalten uns wie damals die Menschen am Wege, die ihre Meinungen über Jesus austauschten! Aber wo leiden wir mit? Wir sündigen heute am meisten durchs Unterlassen. Vielleicht aus Gedankenlosigkeit. Wenn es aus Gleichgültigkeit geschieht, dann bedeutet das absolute Unmenschlichkeit – das ist schlimmer als Haß! Eine Geschichte öffnet uns dafür die Augen:

Siehe „Kurzgeschichten 4", Nr. 228: „Ein ‚guter Mensch' am Höllentor" *(durch zwei SprecherInnen vortragen lassen).* Inhalt: Dem gleichgültigen Menschen gebührt ein Spitzenplatz in der Hölle.
(Nach Calderon)
(Kommentarlos liest anschließend Gl:)
„Dann wird der Menschensohn, der König, sich auch an die auf der linken Seite wenden und zu ihnen sagen: Weg von mir, ihr Verfluchten, in das ewige Feuer, das für den Teufel und seine Engel bestimmt ist! Denn ich war hungrig, und ihr habt mir nichts zu essen gegeben; ich war durstig, und ihr habt mir nichts zu trinken gegeben; ich war fremd und obdachlos, und ihr habt mich nicht aufgenommen; ich war nackt, und ihr habt mir keine Kleidung gegeben; ich war krank und im Gefängnis, und ihr habt mich nicht besucht. Dann werden auch sie antworten: Herr, wann haben wir dich hungrig oder durstig oder obdachlos oder nackt oder krank oder im Gefängnis gesehen und haben dir nicht geholfen? Darauf wird er ihnen antworten: Amen, ich sage euch: Was ihr für einen dieser Geringsten nicht getan habt, das habt ihr auch mir nicht getan. Und sie werden weggehen und die ewige Strafe erhalten, die Gerechten aber das ewige Leben" (Mt 25,41–46).

Stille

Lied
Jesus wohnt in unserer Straße ... (siehe „Troubadour" Nr. 7)

3. VON DEN EINSATZMÖGLICHKEITEN
Wir stehen heute in der Gefahr, nur Zuschauer zu sein, alles zu privatisieren und in der Not entsprechenden Fachleuten die Aufgaben zuzuschieben. Darum darf ich noch einmal unser Augenmerk auf den Einsatz der Veronika richten. Wie sie das Naheliegende, Einfache in die Tat umsetzt und die Mauer des Schweigens und des Hasses durchbricht, auch riskiert, Peitschenhiebe einzustecken, so können auch wir manches Einfache tun, wenn wir die sogenannte kopernikanische Wende schaffen: Nicht so sehr auf uns, sondern mehr auf die anderen schauen!
Mit etwas Phantasie vergrößern wir jetzt das Tüchlein vor uns, bis es zu einem Sprungtuch wird – meinetwegen ein „Einmann/frau"-Sprungtuch.
• Wie verhalten wir uns, wenn die Alarmsirene geht? Blicken wir auf die Uhr, wie schnell diesmal unsere Feuerwehr ist? Sehen wir aus

sicherem Abstand beim Löschen oder Retten zu? Aus der Entfernung schaut es sogar schön aus, wenn einer vom Dach eines brennenden Hauses springt. Aus der Entfernung sieht fast immer alles schön aus; da erkennen wir nicht die Angst in den verschwitzten Gesichtern. Aber ist so ein Einsatz „Privatangelegenheit" des Rettungswagens? Nehmen wir an, ein Feuerwehrmann würde uns bitten: „Kommen Sie! Wir brauchen noch einen, der das Sprungtuch hält!", sicher wären wir sofort dazu bereit! Erst wenn aus unserem Haus ein Selbstmörder weggetragen oder hinter einer aufgebrochenen Tür ein Mann – schon tagelang tot – im Bett gefunden wird, dann erst dämmert es uns, daß das alles auch uns angeht!

Darum fragen wir uns:
• Haben wir schon Blut gespendet? Warum nicht? Tragen wir einen Organspendeausweis bei unseren Papieren? Habe ich schon die heulenden Alarmzeichen des Rettungswagens mit meinem Gebet für das Unfallopfer begleitet? – Würden Sie nicht, ohne zu zögern, ein verhungerndes Kind aufnehmen, das Sie auf der Türschwelle fänden? Behandeln wir Alte und Kranke wie „Unberührbare"? Was hindert uns am Besuch eines Schwerstkranken? Die Ärztin Elisabeth Kübler-Ross sagt uns, wie wir das machen sollen: „Man setzt sich an ihr Bett und – lernt von ihnen." – Scheuen wir den Besuch bei einem Aidskranken, obwohl wir doch wissen, daß soziale Kontakte die Krankheit nicht übertragen? So strahlte ein aidskrankes Mädchen ihren Schulkameraden, der sie besuchte, mit hoffnungsvoller Freude an. Dieser stellte unwillkürlich die Frage: „Warum bist du denn so fröhlich?" Und die Sterbenskranke gab zur Antwort: „Weil du da bist!"

Meditation

1. Spr.:   Jesus Christus hatte nur dreiunddreißig Jahre
für sein Leben auf dieser Erde. Das hat ihm nicht gereicht.
Er hat nicht lieben können wie eine Mutter;
dazu braucht er Mütter.
Er hat nicht für eine Familie sorgen können;
dazu braucht er Väter.

2. Spr.:   Er hat nicht den Kranken in unserer Zeit helfen können;
dazu braucht er Ärzte und Krankenschwestern.
Er hat nicht jetzt das Brot brechen können;
dazu braucht er Priester.

1. Spr.: Der Herr braucht dich, um das, was er angefangen hat,
in dieser Welt weiterzubauen. Der Herr braucht uns,
um Wunder zu wirken; Wunder der Technik und der
Wissenschaft, Wunder der dienenden Liebe und der Güte,
Wunder des Friedens.

2. Spr.: Der Herr will durch unsere Herzen und durch unsere Hände
die Welt menschlicher machen;
er will durch unsere Vernunft und durch unsere Arbeit
das Himmelreich kommen lassen;
denn es geht ihm um diese Welt – und um diese Menschen.
(Paul Claudel)

Oder:

1. Spr.: Christus hat keine Hände, nur unsere Hände,
um seine Arbeit heute zu tun.
Er hat keine Füße, nur unsere Füße,
um Menschen auf seinen Weg zu führen.

2. Spr.: Christus hat keine Lippen, nur unsere Lippen,
um Menschen von ihm zu erzählen.
Er hat keine Hilfe, nur unsere Hilfe,
um Menschen an seine Seite zu bringen.

1. Spr.: Drum seid ihr die Hände Christi heute in der Welt.
Greift fest zu und wirkt das Schöne, Gute, Nötige.
Drum seid ihr die Füße Jesu heute in der Welt.
Geht den vielen Menschen nach in ihrer Not.

2. Spr.: Drum seid ihr die Augen Jesu in der Welt.
Blickt hinter all die Mauern, wo das Unrecht schreit!

Meditationsmusik

4. OHNE UNTERSCHIED JEDEM DAS SCHWEISSTUCH
REICHEN

Wenn wir am Straßenrand ständen und sähen einen Menschen in Not,
würden wir bei unserer Hilfe einen Unterschied machen zwischen
einem jungen, hübschen Mädchen und einer alten Frau? Zwischen
einem Deutschen und einem Ausländer? Zwischen Juden, Asylanten,
Übersiedlern, Aussiedlern, Strafgefangenen und Schwarzen ...? Vom

Glauben her dürfen wir keine Unterschiede machen, weil wir in jedem Menschen Christus sehen können. Wir hören dazu eine harte Geschichte aus unserer unbewältigten Vergangenheit. Darin wird das Taschentuch zu einem rettenden Kleid:
Siehe „Kurzgeschichten 4", Nr. 58: „Der Durchbohrte" *(durch zwei SprecherInnen vortragen lassen)*. Inhalt: Ein junger Jude kann der Hinrichtung entgehen, wird aber von Christen nicht aufgenommen, bis eine Frau Erbarmen zeigt, weil er sagt: „Ich bin euer Herr Jesus Christus, der vom Kreuz herabgestiegen ist."
Würden wir wirklich keine Unterschiede machen, wenn ein Mensch – wenn Christus – an unsere Tür klopfte, um Hilfe zu erfahren? Wir sind nicht da, um zu richten, sondern um aufzurichten!

Stille

Eventuell: Mt 7,1–5 (Richtet nicht ... Vom Splitter und Balken)

5. „TÜCHER DER VERZEIHUNG" KÖNNEN TRÄNEN TROCKNEN

Wenn wir abends unserem Körper die Ruhe gönnen, braucht auch unsere Seele ein gemachtes Bett, um sich zu erholen. Es würden weniger Tränen geweint, wenn wir uns vor dem Zubettgehen aussöhnten.
• Bin ich öfter grußlos schlafen gegangen? Kann ich eine Unversöhnlichkeit tagelang vor mir hertragen? Habe ich mein Kind mit meinem Liebesentzug über Nacht gestraft und so seine seelischen Saiten verzerrt?
Auch jede Gemeinschaft, besonders die christliche, muß das Wort „Verzeihung" hochhalten. So erzählt ein berühmter amerikanischer Song von der Entlassung eines Strafgefangenen. Die Kontakte mit seinem Zuhause waren immer spärlicher geworden. Er bat um ein Zeichen: „Hängt in den Apfelbaum auf dem Hügel, den man vom Zug aus am ehesten sieht, ein großes buntes Tuch zum Zeichen, daß ich heimkehren darf!" Er saß gespannt in der Bahn, starrte in die letzte Kurve. Da schoß plötzlich der Apfelbaum in seine Augen – behängt mit tausend bunten Tüchern! Sie blühten ihm restloses Verzeihen entgegen und einladende Freude. (Vgl. „Kurzgeschichten 1", Nr. 221)
• Leben wir in unserer Pfarrei, in unseren christlichen Gemeinschaften nach der Vaterunserbitte: „Vergib uns unsere Schuld – wie auch wir vergeben unseren Schuldigern"? Habe ich schon kommuniziert, ohne vorher den festen Vorsatz zu fassen, mich wieder mit einem

Gegner zu versöhnen? Jedenfalls soweit es an mir liegt. Reagiere ich in meinem Gekränktsein nur menschlich – oder christlich? Dann kann ich sogar um Gottes willen einem Feind verzeihen – sonst nehme ich dem Christentum das Salz, die Kraft.

Stille

Schuldbekenntnis – Vergebungsbitte

Aktion
Nehmen Sie das Tüchlein mit nach Hause. Hängen Sie es als Zeichen der Versöhnung an eine wichtige Tür Ihrer Wohnung, wenn der Haussegen schiefhängt ..., oder machen Sie sich einen Knoten hinein, der Sie erinnen soll, daß es den Mut der hl. Veronika kostet, die Not eines anderen an sich heranzulassen!

Schlußlied
Kleines Senfkorn Hoffnung ..., darin die 4. Str.: Kleine Träne Hoffnung ... (siehe „Troubadour" Nr. 104)

19 Träumen und sich ausrichten (Über die Kirche)

(Bußfeier mit einem Tütchen Sonnenblumenkerne)

Vorbemerkung

Kritik und Resignation in und an der Kirche mehren sich: Zentralismus, Fundamentalismus, Legalismus und Konservatismus, von Rom gefördert, sind enorm gewachsen und ärgern weite Kreise in der katholischen Kirche. Aber mit dem steigenden Verdruß lähmen wir uns nur selbst und können so die Zweifler außerhalb der Kirche auch nicht überzeugen. Darum helfen nur Grundhaltungen, welche die Resignation auflösen, nach dem Motto „Nicht austreten aus der Kirche, sondern auftreten in der Kirche!" Das heißt: sich auf die Ortskirche besinnen, sich den Aufgaben am Ort zuwenden und unbeirrt den Weg des Gewissens gehen. Resignation ist sicher die schlechteste Art von Reaktion. Sagen wir nicht zu rasch: „Die da oben sollten ...", sondern vielmehr: „Wir da unten wollen ..."! In diesem Sinn soll diese Bußfeier einen positiven Akzent setzen.

Vorbereitungen

1. Jede(r) Tln bekommt am Eingang ein Zellophantütchen mit einigen Sonnenblumenkernen, vielleicht mit einem gelben Bändchen als kleines Geschenk verpackt, das später in den Tannenbaum gehängt werden kann.

2. Eine gemalte große, blühende Sonnenblume ist gut sichtbar im Altarraum angebracht. Oder mit der MISSIO-Leuchtbox wird eine der folgenden Folien gezeigt: F 1/4, 16/5, 24/1, 29/4.

Lied – Persönliche Begrüßung

Hinführung

Siehe Anhang 1, Nr. 4, 9, 10, 17 (Kirche), 19, 42, 45, 46, 48, 60, 99.

Gebet

Herr, unser Gott. Mit Sonnenblumenkernen in der Hand stehen wir vor dir, der Sonne unseres Lebens. Sende deinen Heiligen Geist, daß jetzt etwas in uns keimen kann, was uns mehr auf dich ausrichtet und uns neue Hoffnung für unsere Gemeinschaft in der Kirche gibt. Darum bitten wir ...

GEWISSENSERFORSCHUNG – MEDITATION
(Bitte auswählen und durch Lieder unterbrechen)

1. VON DER SONNE TRÄUMEN

Halten Sie bitte das Tütchen so in der Hand, daß Sie die Kerne spüren können. Vielleicht fragen Sie sich, warum Sie mitten im Winter Sonnenblumenkerne erhalten, obwohl sie doch eigentlich erst im Mai auszusäen sind. Die Antwort: Ich möchte mit Ihnen träumen – von dem, was in jedem dieser kleinen Kerne an Kraft und Zukunft vorhanden ist. In der Brachzeit des Winters liegen draußen so viele Körner im gefrorenen Boden und träumen davon, wie sie keimen werden und wachsen und Frucht bringen. Träumen ist so wichtig! Hoffentlich haben wir noch genug Tagträume, die in uns ungeheure Kräfte freisetzen können: zuerst in der Phantasie, dann für die Wirklichkeit.

Ich möchte mit Ihnen von der Kirche träumen: Wie dieser Sonnenblumenkern sich einmal an der Sonne ausrichten wird, so soll sich die Kirche an Christus, der Sonne der Gerechtigkeit, orientieren.

Mitten im tiefsten Winter, in der längsten Dunkelheit, feiern wir das Weihnachtsfest. Der 25. Dezember war bis zum 4. Jahrhundert der heidnische Festtag des unbesiegbaren Sonnengottes. Die römische Kirche übernahm dieses Datum und feierte Christus als die wahre Sonne: Sie ist in Jesu Geburt der Welt aufgegangen; sie ging nicht in seinem Tod unter und wird einmal im vollen Glanz der Herrlichkeit allen Menschen guten Willens leuchten. Auf diese Sonne, auf Christus, soll die Kirche sich immer ausrichten.

So träume ich von einer Kirche, deren einengende Wände und Mauern sich auflösen, die ihr Dach verliert, damit sie nur noch den Glanz der Sonne Christi über sich hat und dieses Licht von allen Seiten eindringen läßt. Eine Kirche, die wieder offen und frei und einladend ist; die fröhlich und zuversichtlich ihren Weg geht; die weiß, daß sie unterwegs ist.

1. Spr.:   Ich träume von einer Kirche der offenen Türen
für alle Generationen und Völker.
Von einer Kirche, die mitlacht und mitweint,
die mitfühlt und mitleidet.
Eine menschliche Kirche,
die wie eine Mutter auf ihre Kinder warten kann,
die ihren Kindern nachgeht und sie sucht.

2. Spr.: Ich träume von einer wärmenden Kirche,
in der sich auch Erfolglose, Beladene und Gescheiterte
wohl fühlen.
Eine Kirche derer, die im Schatten stehen;
der Weinenden und der Trauernden.

1. Spr.: Ich träume von einer Kirche,
in der es weniger um Gesetze, Zahlen und Ordnungen
als um Menschen geht;
in der weniger auf den Tisch
als an die Brust geschlagen wird;
in der weniger die Köpfe als die Füße gewaschen werden.

2. Spr.: Ich träume von einer Kirche, die nicht ängstlich mauert,
sondern voll Vertrauen auf ihre Mitte Jesus Christus
auch neue Wege wagt;
in der miteinander gesprochen wird, nicht übereinander;
in der eine kleine Herde auf dem Wege ist,
„ein Herz und eine Seele" zu werden.

1. Spr.: Ich erwache und frage mich:
Bin ich denn schon einer, der mitfühlt und mitleidet?
Der warten kann?
Bei dem sich Gescheiterte und Weinende wohl fühlen?

2. Spr.: Ich erwache und frage mich:
Schlage ich mir denn oft genug an die Brust?
Wage ich denn neue Wege?
Rede ich denn schon mit den anderen?

(Teilweise nach Kardinal König und W. Schumacher)

Oder:
Glücklich die Kirche, die nicht blind ihren eigenen Traditionen
vertraut ...
(Uwe Seidel/Diethard Zils, Psalmen der Hoffnung, Schriftenmissions-Verlag, Neukirchen-Vluyn 1973, S. 12)

Stille

• Wenn ich ahne, daß die Fehler in der Kirche mindestens ansatzweise auch in mir stecken: Liebe ich diese Kirche trotz ihrer Fehler, oder herrschen in meinem Reden und Denken Enttäuschung und Verbitterung vor? Bringe ich eine heitere Gelassenheit gegenüber allem Unfertigen und Unreifen in der Kirche mit, oder überwiegen bei mir Ironie und Wut? Weiß ich denn etwas, das ich vollberechtigt an die Stelle „Kirche" setzen könnte, bevor ich in meiner religiösen Sehnsucht zwischen allen Stühlen sitze?

Stille

Lied
Sonne der Gerechtigkeit, 1.–4. Str.: GL 644

2. IMMER WIEDER HOFFNUNG SÄEN

Wir dürfen Träume nicht mit der Wirklichkeit verwechseln. Die Kirche im heutigen europäischen Raum gleicht oft einem Garten, in den zu viele Steine des Überflusses, der Unglaubwürdigkeit, der Gottlosigkeit geworfen wurden. Positiv kann ich diese Zeit aber auch als winterliche Brachzeit sehen: In Ruhe und Geduld warten wir, bis erneut aus dem Gesäten hier und da zwischen den Steinen neues Leben hervorbricht. Aber es muß Leute geben, die das Positive, das aufgehen soll, auch in die Erde legen. Dazu hören wir eine wichtige Geschichte, die sogar den Vorteil hat, ein Tatsachenbericht zu sein.
Siehe „Kurzgeschichten 1", Nr. 5: „Der Mann mit den Bäumen" *(durch zwei SprecherInnen vortragen lassen).* Inhalt: Ein Mann bringt ein verödetes Land durch zähes Bepflanzen wieder zur Blüte.
Da schimpfte niemand auf das mangelnde Programm derer da oben; da ging einer phantasievoll, geduldig, ausdauernd, ohne Dank zu erwarten an die Arbeit.
• An welcher Stelle kann ich meinen Sonnenblumenkern in der Arbeit der örtlichen Pfarrei einpflanzen? Habe ich schon versucht, Kirche vor Ort zu verändern, oder schaue ich nur kritisch, enttäuscht oder lästernd zu? Habe ich meine Mitarbeit auch durchgetragen, als sie schwierig wurde – um der gemeinsamen Sache willen? Trete ich im Freundes- oder Bekanntenkreis mutig für die Sache Jesu ein? Schweige ich vorschnell, wenn über die Kirche hergezogen wird?

Stille

Lied
Kleines Senfkorn Hoffnung ... (siehe „Troubadour" Nr. 104)
oder: Ins Wasser fällt ein Stein ... (siehe „Troubadour" Nr. 6)

3. UNSER GESICHT IN DIE SONNE GOTTES HALTEN

Bevor ich genügend Kraft habe, mich für die Kirche „oben" oder für die Kirche am Ort einzusetzen, muß ich erst erfüllt sein von dem wunderbaren Geschenk, das der christliche Glaube anbietet. Um uns das in Erinnerung zu rufen, umfassen wir die Sonnenblumenkerne wieder bewußter, schließen – wer möchte – die Augen und sehen die Kerne wachsen: Der Keim dringt durchs Erdreich, die Pflanze streckt sich, entwickelt die Knospe, sie entfaltet sich zur Blüte ... eine kleine Sonne, die die große Sonne widerspiegelt.

Als Christen dürfen wir folgende Haltung einnehmen: Wir halten unser Gesicht in die Sonne Gottes – jetzt fallen die Schatten hinter uns. „Die Sonne" steht für die Barmherzigkeit Gottes, die uns in seinem Sohn Jesus Christus aufgestrahlt ist. Von ihm heißt es am Weihnachtsmorgen: „Erschienen ist die Güte und Menschenliebe Gottes, unseres Retters. Er hat uns gerettet – nicht wegen der Werke, die wir aus eigener Gerechtigkeit vollbracht hätten, sondern aufgrund seines Erbarmens ..." (Tit 3,4.5a).

„Die Schatten", die hinter uns fallen, sind unsere Schuld. Wir versuchen jetzt in einer kurzen Stille, in diese Sonne der Barmherzigkeit Gottes zu schauen, und denken dabei an die Schuld, von der wir wünschten, daß sie sich wie Nebel in der Sonne auflöst. Und sei es die Schuld, die wir durch Unterlassung auf uns geladen haben.

Stille

• Habe ich grenzenloses Vertrauen in die Barmherzigkeit Gottes? Glaube ich, daß ich mich – selbst wenn ich mit leeren Händen vor Gott stehe – ganz seiner Barmherzigkeit überlassen kann?

Erst, wenn ich mir dieses Geschenkes bewußt und davon ganz erfüllt bin, drängt es mich, das doch weiterzusagen, weiterzuschenken, auch an Unbarmherzige – innerhalb und außerhalb der Kirche.

Meditationsmusik durch Querflöten

Lied
Du bist das Licht der Welt ... (siehe „Troubadour" Nr. 59)

4. SCHENKEN MACHT NICHT ÄRMER!

Zu dieser Einsicht, letztlich in allem Beschenkte zu sein, kommt die Erfahrung: Die große Sonne und wir als kleine Sonnen werden nicht ärmer, wenn wir schenken. Dazu eine Geschichte:

Siehe „Kurzgeschichten 1", Nr. 15: „Schenken macht nicht ärmer" *(durch zwei SprecherInnen vortragen lassen).* Inhalt: Obwohl die Sonne unendlich viele Strahlen verteilte, fehlte abends keiner.
• Wir Menschen wären überfordert, wenn wir immer nur geben sollen. Wir geben als Beschenkte Empfangenes weiter: Stimmt die Grundrichtung meines Lebens, daß ich neben aller Selbstverwirklichung eher weitergeben und dienen als herrschen will? Gebe ich mehr, oder nehme ich mehr? Orientiere ich mich in meinem Leben an der Sonne Jesus Christus, die sich hingab bis in Leid und Tod – und so erst die Fülle des Lebens möglich machte? Helfe ich, oder habe ich den Mut, der kleinen Kirche am Ort diese Grundhaltung des Dienens aufzuzeigen?

Stille

Lied

5. VOM ÖL IN DEN KRÜGEN AUF UNSERER
   PILGERSCHAFT

Bis jetzt hielten wir uns vor Augen: Wir als Christen und die Kirche brauchen das Erbarmen Gottes und die Haltung des Dienens, wenn der Pilgerweg durch dieses Leben gelingen soll. In einem Gleichnis aus der Heiligen Schrift ist dieser Gedanke sehr schön zusammengefaßt: Wir brauchen alle das Öl in den Krügen, in den Lebenskrügen. Wenn Sonnenblumenkerne gepreßt werden, dann haben wir Öl, mit dem die Lampen brennen können. Aber hören wir zunächst das Gleichnis:
Gl oder Sprecher: Mt 25,1–13: Gleichnis von den zehn Jungfrauen.
Mit Öl in den Krügen wird uns Christus also die Tür öffnen. Das Öl bedeutet: unser Vertrauen auf die Barmherzigkeit Gottes; auch darauf, daß der Herr jetzt schon mit uns und seiner Kirche geht; unseren langen Atem der Geduld, daß seine Kirche sich spürbarer an *Ihm* ausrichtet. Dieses Öl in unseren Krügen bedeutet auch unsere Bereitschaft zum Dienst, unseren Blick für die Gemeinschaft in der Kirche, unsere Treue und Sympathie. Wichtig aber in diesem Gleichnis ist, daß wir alle, auch die Kirche, auf dem Wege sind zum Herrn und nicht so tun dürfen, als wären wir schon am Ziel. Kirche hat die Aufgabe, uns den Weg zu zeigen; wir sollen kritisch ihren Weg begleiten.
• Glaube ich an eine Kirche, die immer Wegweiser sein kann, weil der Herr bei ihr ist? Unterscheide ich den Wegweiser vom Weg, der Jesus

Christus ist? Ist mir klar, daß der Weg leichter in Gemeinschaft zurückzulegen ist und wir nicht ohne die anderen am Ziel ankommen dürfen?

Stille

Lied
Alle Knospen springen auf ... (siehe „Troubadour" Nr. 111)

Schuldbekenntnis – Vergebungsbitte – Bitten – Dankpsalm – Segen

Aktion
Wer möchte, kann zu Hause einige Kerne in einen Blumentopf pflanzen, um sich an heute zu erinnern, wenn der Blick auf das keimende Leben fällt. Für den Mai aber darf ich bitten, daß Sie den Rest nach Möglichkeit draußen einpflanzen, um von der Sonnenblume zu lernen, wie sie sich an der „Sonne" orientiert. Wenn ich Ihnen mit folgendem nicht aufdringlich erscheine, würde ich mich freuen, wenn Sie sich im Pfarrhaus melden, sobald die erste Blume blüht. Bei den ersten, die anrufen, verspreche ich, zu einer Tasse Kaffee vorbeizukommen – um uns zu erinnern!

Schlußlied
Ein Schiff, das sich Gemeinde nennt ..., 1.+ 3. Str. (siehe „Troubadour" Nr. 22)

Weitere Ideen
Zu Punkt 3: Das Wachsen und Blühen der Sonnenblume kann noch weiter meditiert werden: Wenn die Blüte langsam ihr „Haupt" neigt, „kleiner" wird, beginnt ihre fruchtbarste Zeit: die vielen Samenkörner für neue Sonnenblumen reifen ...
(Vgl. meine „144 Zeichenpredigten. Mit Gegenständen aus dem Alltag", Nr. 99, oder „177 Seniorengottesdienste 1", Nr. 71.)
Zu Punkt 5: Das Öl in den Krügen könnten auch die Sakramente sein, die uns über die Kirche zugänglich sind und uns auf unserem Pilgerweg stärken.
Zum Gesamten: Es könnte auch aus dem Leben so vieler Heiliger berichtet werden, die der Kirche „von oben" ins Angesicht widerstanden. Sie wurden oft erst nach ihrem Tod rehabilitiert, und ihr Wirken wurde erst dann als beispielhaft empfunden.

20 Hände

(Bußfeier mit Blättern = Händen
am Kreuzesbaum)

Vorbemerkung
1. Diese Bußfeier ist auch im Advent denkbar, indem die Hände um eine leere Krippe geklebt werden. Dann müßten zum Teil die Geschichten ausgetauscht werden: z.b. zu Punkt I., 3. aus „Kurzgeschichten 1" die Nr. 14: Die Sterntaler (oder Nr. 124: Die beiden Brüder) und zu Punkt II., 4. aus „Kurzgeschichten 3" die Nr. 15: Ein König überreicht dem Kind in der Krippe ein leeres Blatt.
2. Diese Bußfeier enthält relativ viele Kurzgeschichten. Geschichten sind wie Perlen: Gehen Sie sorgfältig damit um! Weniger ist mehr!
3. Unter Punkt I.,4. und II.,3. flossen Formulierungen meines Mitbruders Gerhard Dane, Kerpen, ein.

Vorbereitungen
1. *Ein großes Holzkreuz steht im Chorraum, davor oder daneben kann die Osterkerze stehen. Etwa 30 Minuten vor Beginn geht eine Kinder- oder Jugendgruppe in Bereitschaft, den einen oder anderen eintretenden Teilnehmer zu bitten, seine Hand auf Tonpapier (in verschiedenen Grüntönen) zu legen: Sie wird mit Bleistift ummalt, ausgeschnitten, nach vorne zum Kreuz gebracht und dort so aufgeklebt, daß das Kreuz schließlich überall mit Blättern (= Händen) eingerahmt ist.*
2. *Vorbereitet kann sein – entsprechend der zu erwartenden Gottes-dienstteilnehmerzahl – für jeden eine kleine Kinderhand aus Tonpapier, die vor oder nach dem Gottesdienst am Ausgang als Andenken jedem mitgegeben wird.*

Lied
O du hochheilig Kreuze ... GL 182

Persönliche Begrüßung

Hinführung
Siehe Anhang 1, Nr. 23, 25 – 27, 46, 60, 62, 64, 74.

Gebet
Herr, unser Gott. Wir sehen vor uns das Kreuz deines Sohnes als
Kreuzesbaum, übersät mit vielen Blättern, die nach Händen einiger
TeilnehmerInnen gefertigt wurden. Wir Christen, die wie Blätter am
Kreuzesbaum sind, brauchen die Kraft deines Sohnes. Dein Sohn
braucht aber auch unsere Hände, um heute die Welt spürbarer zum
Guten zu verändern. Erfülle uns besonders in dieser Stunde mit
deinem Hl. Geist, damit wir erkennen, wer uns hält und wer unsere
Hände braucht. Darum bitten wir ...

GEWISSENSERFORSCHUNG – MEDITATION
(Bitte auswählen und durch Lieder unterbrechen)

I. UNSERE HÄNDE – HÄNDE FÜR JESUS
Wir schauen auf den Querbalken des Kreuzbaumes: das Symbol, die
Liebe Jesu nach rechts und links weiterzugeben.

Spr.:   Christus hat keine Hände, nur unsere Hände,
um seine Arbeit heute zu tun.
Er hat keine Füße, nur unsere Füße,
um Menschen auf seinen Weg zu führen.
Christus hat keine Lippen, nur unsere Lippen,
um Menschen von ihm zu erzählen.
Er hat keine Hilfe, nur unsere Hilfe,
um Menschen an seine Seite zu bringen.
Drum seid ihr die Hände Christi heute in der Welt.
Greift fest zu und wirkt das Schöne, Gute, Nötige!

Stille

1. VERTRAUEN SCHENKEN
Wir schauen in unsere geöffneten Hände. Das sind meine Hände –
unter mehr als fünf Milliarden Paaren einmalig!
• Habe ich mit diesen Händen Vertrauen geschenkt? Habe ich damit
liebkost und getröstet? Habe ich schweigend eine Hand gehalten?
Kann ich diese meine Hände Jesus anbieten, daß sie seine Hände

113

werden, Werkzeuge für den Frieden? Oder muß ich erst Schuld abwaschen – Schuld aus Gedankenlosigkeit, durch Unterlassung, durch Verbitterung und weil ich damit weh getan, geschlagen, abgewiesen habe?

Bei der kirchlichen Trauung habe ich meine rechte Hand vertrauensvoll in die meines Partners gelegt. Habe ich noch dieses Vertrauen in den anderen? Hier beginnt der Ehebruch; er setzt sich fort, wenn ich auch nur in Gedanken einen anderen Menschen begehre. In der Hl. Schrift heißt es dazu eindeutig: „Wenn dich deine rechte Hand zum Bösen verführt, dann hau sie ab und wirf sie weg. Denn es ist besser für dich, daß eines deiner Glieder verlorengeht, als daß dein ganzer Leib in die Hölle kommt" (Mt 5,30). Habe ich Schuld auf mich geladen, weil ich Vertrauen mißbraucht, betrogen, gestohlen habe? Und besonders in bezug auf das Verhältnis zu Ihren Kindern: Habe ich mich dadurch versündigt, daß ich ihre Hand nicht oft genug und nicht fest genug gehalten habe?

1. Spr.:   Es sagte einmal die kleine Hand zur großen Hand:
Du große Hand, ich brauche dich,
weil ich bei dir geborgen bin.
Ich spüre deine Hand,
wenn ich wach werde und du bei mir bist;
wenn ich Hunger habe und du mich fütterst;
wenn du mir hilfst, etwas zu greifen und aufzubauen;
wenn ich mit dir meine ersten Schritte versuche;
wenn ich zu dir kommen kann, weil ich Angst habe;
Ich bitte dich: Bleibe in meiner Nähe und halte mich!

2. Spr.:   Es sagte die große Hand zur kleinen Hand:
Du kleine Hand, ich brauche dich,
weil ich von dir ergriffen bin.
Das spüre ich, weil ich viele Handgriffe für dich tun darf;
weil ich mit dir spielen, lachen und herumtollen darf;
weil ich mit dir kleine, wunderbare Dinge entdecke;
weil ich deine Wärme spüre und dich liebhabe;
weil ich mit dir zusammen wieder bitten und danken kann.
Ich bitte dich: Bleibe in meiner Nähe und halte mich!

Stille

114

Lied
Weil du ja zu mir sagst ... (siehe „Troubadour" Nr. 76)

2. ARBEIT ALS BEITRAG ZUR ERLÖSUNG

Diese unsere Hände werden am meisten durch Arbeit beansprucht: Aus welchen Beweggründen arbeite ich?
Hier aus „Kurzgeschichten 1", Nr. 208: „Die drei Arbeiter". Inhalt: Bei der gleichen Arbeit sieht der eine nur den Job, der andere das Geld, der dritte seine Mitarbeit am Kunstwerk zur Ehre Gottes.
Meine Arbeit ist ein wichtiger Beitrag, diese Erde erträglich und bewohnbar für alle zu machen. Meine Arbeit trägt maßgeblich dazu bei, daß das Reich Gottes sichtbar kommen kann – als Reich der Gerechtigkeit, des Friedens und der gegenseitigen Hilfe.
• Danke ich Gott dafür, einer sinnvollen Arbeit nachgehen zu dürfen, die mich (hoffentlich) sogar erfüllt? Habe ich Verständnis für Jugendliche, die allein deshalb frustriert sind, weil sie oft keinen Beruf wählen können, sondern einen Job nehmen müssen? Erfülle ich gewissenhaft auch eine eintönige Arbeit, weil sie mir das nötige Geld bringt? Sorge ich dafür, daß es bei der Hausarbeit partnerschaftlich zugeht und nicht einer überlastet ist?

3. HÄNDE, DIE SCHENKEN UND LOSLASSEN KÖNNEN

„Greifen und festhalten können unsere Hände seit der Geburt. Teilen und schenken müssen wir lernen. Und zuletzt das Loslassen üben" (nach Kyrilla Spiecker).
• Habe ich mehr raffende oder mehr gebende Hände? Ist mir der Schatz auf der Bank entscheidend wichtiger als der Schatz bei Gott?
Hier aus „Kurzgeschichten 1", Nr. 250: „Nur die Liebe zählt". Inhalt: Im kommenden Leben zählt nur, was ich auf Erden verschenkt habe. Am Ende zählt nur die Liebe – das weiß ich. Aber handle ich danach?
• Hatte ich z. B. Mitleid mit den Ärmsten der Armen, oder beschwichtige ich mein Gewissen mit allen möglichen Ausreden? Habe ich schon einmal so viel weggegeben, daß es mir ernsthaft schwergefallen ist? Besitze ich, als besäße ich nicht? Ist mein Lebensstil einfacher geworden? Waren Anschaffungen eigentlich überflüssig? Könnte ich alles Erworbene loslassen? Habe ich die Kinder rechtzeitig losgelassen, damit sie ihre eigenen Wege gehen können?
(Am schlimmsten sind die Hände, die aus Gleichgültigkeit nichts bieten. Dazu in „Kurzgeschichten 4", Nr. 228: „Ein ‚guter Mensch' am Höllentor". Ähnlich, aber kürzer, in „Kurzgeschichten 1" die Nr. 247: „Die leeren Hände".)

4. HÄNDE – BEREIT ZUR VERSÖHNUNG

Es ist lebensgefährlich für unser Zusammenleben, wenn wir die Schuld für Streit und Konflikte immer zuerst und zuletzt bei den anderen suchen.

• Ist mir bewußt, wenn ich mit meinen Fingern auf andere zeige, daß gleichzeitig drei Finger auf mich selber weisen? (zeigen!) Welche Person, welche Gruppe ist für mich „erledigt"? Mit wem rede ich nicht mehr? Wen habe ich schon in meinen Gedanken oder auch öffentlich verurteilt? Habe ich die Fehler anderer gerne weitererzählt? Kann ich noch demütig an die eigene Brust klopfen?

Wie reagiere ich auf Kritik anderer? Kann ich mich entschuldigen? Meine Hand zur Versöhnung reichen? „Siebzigmal siebenmal" verzeihen?: Menschlich ist das unmöglich. Als Christen aber orientieren wir uns dabei an der Barmherzigkeit Gottes und die – hört nie auf.

„Kurzgeschichten 4", Nr. 112: „Die Liebe rechnet nicht" *(auf zwei SprecherInnen verteilen)*. Inhalt: Als ein Priester die Lossprechung verweigert, reicht Christus vom Kreuz her seine Hand.

Stille

Vaterunser

Wir singen das Vaterunser: „Vergib uns unsere Schuld – wie auch wir vergeben unseren Schuldigern!" Natürlich muß der andere auch wollen. Aber wenn ich die Versöhnung mit Gott will, ist das Brücken-Bauen zum anderen die selbstverständliche Antwort. Als Zeichen der Versöhnung und des Friedens halten wir dabei einander an den Händen: geöffnete, entspannte Hände – nicht zu Fäusten geballt. Wenn Sie dabei Hemmungen haben, bedenken Sie, daß es genau die Hemmungen sind, die wir auch überwinden müssen, wenn wir uns mit dem anderen versöhnen wollen. – Vater unser ...

Nach dem Vaterunser: Bisher haben wir den Querbalken des Kreuzbaumes betrachtet: Die Liebe in der waagerechten Richtung – Hände, die Vertrauen schenken; Hände, die in der Arbeit einen Beitrag zur Erlösung der Welt sehen; Hände, die schenken und loslassen können und bereit sind, sich zu versöhnen. Solche Hände sind Hände Christi in unserer Welt.

II. UNSERE HÄNDE – GEHALTEN VON JESUS CHRISTUS

Nun schauen wir auf den Längsbalken des Kreuzbaumes: Unseren Händen erwächst mehr Kraft für das, was wir eben überdacht haben, wenn sie sich von Jesus Christus gehalten fühlen. Wir Blätter saugen die Kraft aus dem Baum – wie die Reben aus dem Weinstock.

Wir erinnern uns wieder an eine Trauung. Die ineinandergelegten Hände werden umschlungen von einer Stola, die das Zeichen Christi trägt. Diese Symbolik will sagen: Da ist einer mitten unter euch, der euch in guten und bösen Tagen halten will. Diese Zusage ist allen gegeben! So kann an der Pforte eines jeden Jahres geschrieben stehen: Geh nur in die Dunkelheit und lege deine Hand in die Hand Gottes, das ist besser als ein Licht und sicherer als ein bekannter Weg.

1. GEFALTETE HÄNDE

„Nichts ist so schwierig, wie angesichts der Angst menschlich zu bleiben, wahr zu bleiben, gütig zu bleiben und nicht in die Macht, in die Lüge, in die Zerstörung auszuweichen. Genau das wollte Jesus sagen, und das war sein ganzes Leben: daß wir von Gott her die Angst besiegen können und als freie Menschen zu leben vermöchten."

(Eugen Drewermann, Das Markusevangelium, 2. Teil, S. 658, Walter Verlag, Olten/ Freiburg 1988)

• Falte ich ab und zu vertrauensvoll meine Hände zum Gebet, um Gott in mir stärker und die Angst in meinem Herzen kleiner werden zu lassen? Kommt das sehr selten oder nur in Notzeiten vor? Warum?

Ein Konzertpianist sagte einmal: „Wenn ich einen Tag nicht übe, merke ich es. Wenn ich zwei Tage nicht übe, merken es meine Freunde. Wenn ich drei Tage nicht übe, merkt es mein Publikum."

Ist es nicht ähnlich beim Beten? Wenn ich einen Tag nicht bete, merkt es Gott. Wenn ich zwei Tage nicht bete, spüre ich es selber. Wenn ich drei Tage nicht bete, spürt es meine Umgebung. Oder ist mein Gebet so gebetsmühlenhaft oberflächlich geworden, daß mir gar keine Kraft mehr daraus erwächst?

Ein richtiges Gebet ist wie ein Halt von außen: Siehe „Kurzgeschichten 4", Nr. 96: „Halt von außen". Inhalt: Wenn ich in einer Kurve des Lebens Halt brauche, dann muß dieser „von außen" kommen.

Alternative: „Kurzgeschichten 1", Nr. 92: „Auf die Nähe Gottes vertrauen". Inhalt.: Der Vater hält die Hand seines Kindes während der Operation und gibt ihm dadurch Vertrauen und Sicherheit.

Lied
All eure Sorgen ... (siehe „Troubadour" Nr. 523)

2. DURCH BERÜHRUNG HEILEN

Vielleicht ist uns schon aufgefallen, wie in den Sakramenten durch die Hände des Priesters der Himmel regelrecht „angezapft" wird, durch seine Hände die Kraft Gottes fließt.

Bei der *Taufe* legt er dem Kind die Hände auf, wie damals Jesus den Kindern die Hände auflegte (Mt 19,13–15), um sie mit der Gnade Gottes zu erfüllen, damit das Böse an ihnen abprallen soll. In der *Firmung* legt der Bischof dem Firmling die Hand auf, damit der Geist Gottes ihn erfüllt. Auch die *Kommunion* hat mit Händen zu tun, weil der Priester vor der Wandlung die Hände über die Gaben von Brot und Wein legt. In der *Beichte* legte früher der Priester wie ein barmherziger Vater dem Sünder bei der Lossprechung die Hände auf als befreiende Geste, die heilen und trösten wollte. Leider ist diese Art der Lossprechung durch die trennenden Gitter der Beichtstühle verkümmert. Bei der *Krankensalbung* legt der Priester dem Kranken die Hände auf den Kopf, damit er unter dieser beruhigenden und tröstenden Nähe die sündenvergebende Kraft Gottes auch wirklich spürt. Bei der *Priesterweihe* wird durch Handauflegung des Bischofs die Vollmacht zum Amt übertragen. Bei der *Eheschließung* hält der Priester beim Segen die Hände über beide Partner, damit die Kraft Gottes in sie hineinfließe.

Hände können heilen, wenn ich sie einem Menschen auflege. Durch Handauflegung heilen viele Menschen, die auf diese Weise die Kraft des Geistes Gottes, des Gebetes und des guten Willens in den Kranken fließen lassen. Auch Jesus und die Jünger legten den Kranken die Hände auf (z.B. Lk 4,40f).

Darum gibt es in unserer Kirche den Segen mit Handauflegung: den Kindersegen am Feste der Unschuldigen Kinder, den Blasiussegen, das Segnen der Schulneulinge, den Primizsegen (= Erstlingssegen des neugeweihten Priesters). Immer heilen dann die Hände durch Berührung. Seit der Taufe darf jeder segnen.

• Weiß ich um die Kraft meiner Hände, die durch Berührung segnen und heilen können? Segne ich meine Kinder, meine Enkel? Tröste ich mit meinen Händen den Verzweifelten, Ausgepumpten, Kranken? Habe ich den Vorsatz, einem Unfallopfer mit der Nähe meiner Hände beizustehen, um dadurch seine Angst zu lindern und ihm das Gefühl des Verlassenseins zu nehmen? Habe ich Angst vor Berührung und Zärtlichkeit? Habe ich einem Schwerkranken oder Sterbenden die Hand gehalten – auch wenn noch so viel zwischen ihm und mir stand?

3. LOSLASSEN IM GEBET

Es ist lebensgefährlich für mich selbst, wenn ich wegen meiner kleinen und großen Sorgen ständig die Hände ringe und mich in Zweifeln und Ängsten entkräfte.

• Schlafe ich auch deshalb abends schlecht ein, weil ich immer weiter grüble? Klage ich zuviel? Sehe ich die Zukunft in zu düsteren Farben? Paulus schreibt im Brief an die Philipper: „Um nichts macht euch Sorge, sondern tragt ... eure Anliegen vor Gott." Falte ich besonders abends die Hände, um alle Sorgen in Seine Hände zu legen und so auch meiner Seele ein Bett zum Ausruhen zu geben? Oder bilde ich mir ein, alles alleine schaffen zu müssen, und kann deshalb nie meine Hände im Vertrauen auf Gott ruhig in den Schoß legen?

Lied

O Herr, wir rufen alle zu dir ... (siehe „Troubadour" Nr. 214)

4. VERTRAUEN STATT LEISTUNG

Manchmal sind unsere Hände leer. Wir fühlen uns „arm vor Gott" (Mt 5,3) – wie Bettler. – Manche meinen umgekehrt, sie könnten aufgrund ihrer Werke und ihrer Leistungen vor Gottes Gericht bestehen. Wir hören einen Tatsachenbericht, der uns in die richtige Richtung weist: Siehe „Kurzgeschichten 4", Nr. 214: „Was bleibt" *(von zwei SprecherInnen vortragen lassen)*. Inhalt: Das Zeremoniell bei der Bestattung der letzten österreichischen Kaiserin Zita.

Alternative: „Kurzgeschichten 4", Nr. 134: „Gnade statt Leistung". Inhalt: Im christlichen Leben kommt es nicht auf Leistung und Rekorde vor Gott an; er nimmt mich an trotz all meiner Begrenzungen.

Genau das ist die Haltung, in der wir beruhigt vor Gott hintreten können. Auch jetzt schon. Und Er füllt unsere leeren Hände.

• Habe ich ein unerschütterliches Vertrauen in diese Barmherzigkeit Gottes? Übe ich deshalb auch Barmherzigkeit meinen Freunden und Feinden gegenüber? Kann ich nicht deshalb immer wie die Hand Christi sein, weil Gott sie uns immer wieder füllt – trotz unserer Unzulänglichkeiten?

Meditationsmusik

Schuldbekenntnis

Wir haben in dieser Bußfeier erkannt, wer uns Halt gibt, wer unsere Hände füllt und wo wir die Hände Jesu spürbar werden lassen können. Weil wir gesündigt haben durch mangelndes Vertrauen in die Gnade Gottes und weil wir gesündigt haben, indem wir diese Geschenke Gottes nicht genügend weitergaben, sprechen wir voreinander: Ich bekenne ...

Vergebungsbitte – Bitten – Dankpsalm – Segen

Aktion

Sie erhalten am Ausgang eine ausgeschnittene Kinderhand als Erinnerung an diese Bußfeier. Legen Sie sie noch eine Zeitlang sichtbar hin, damit Sie sich daran erinnern, daß wir uns in der Hand Gottes geborgen fühlen können, daß wir als Kinder Gottes die Hände Christi in der Welt sein sollen und besonders alle Kinder auf unsere heilenden Hände angewiesen sind.

Schlußlied

Ecce homo ... GL (Diözesananhang des Erzbistums Köln) 853
oder: Herzliebster Jesu ... GL 180

21 Vom Bruchstück zur Vision

(Bußfeier mit einem Kaleidoskop)

Vorbemerkungen

1. In der Bibel vermischen sich oft Träume (= seelischer Vorgang während des Schlafens, bei dem die Kontrolle durch den Verstand fehlt) und Visionen (= Offenbarung Gottes an den Menschen durch göttlich bewirktes Schauen).
2. Wenn Sie noch selber auf die Suche gehen wollen, übersehen Sie nicht den Traum von der Jakobsleiter. Ist diese Himmelsleiter ein Kindertraum oder unser verlorengegangener Weg? Denn es muß doch mehr geben als das ersehnte Monatsende, an dem das Gehalt überwiesen wird.
3. Auf die Idee zum Kaleidoskop brachte mich Renate John, Bergheim.

Vorbereitungen

1. *Jede(r) Tln erhält das Bruchstück eines Halbedelsteins (vorher zerkleinern).*
2. *Einige Kaleidoskope kreisen zum Hineinschauen durch die Kirche. Sie können bestellt werden, z.B. bei der Firma Glaskunst-Handwerk Vitrum, Talstr. 4, D-54422 Neuhütten-Muhl, Tel. 06503/3234.*
3. *Bei einigen einschlägigen Geschenkartikelfirmen gibt es 5 cm große Kaleidoskope für ca. 30 Pf je Stück. Sie fallen natürlich ganz einfach aus. Falls Sie sich entschließen, jedem ein kleines Kaleidoskop zu geben, wenden Sie sich z. B. an die Firma Hach AG., Postfach 70, D-64400 Groß-Bieberau, Tel. 06162-8030, Fax -80331.*

Persönliche Begrüßung

Hinführung
Siehe Anhang 1, Nr. 4, 9, 19, 25, 26, 29, 45, 46, 79, 99.

Gebet

Guter Gott. Wieder einmal haben wir in den vergangenen Wochen und Monaten Bruchstücke oder Scherben verursacht. Wir sind hier, um sie dir zu überlassen und weiterzuschauen. Ja, wir vertrauen auf deine Barmherzigkeit und darauf, daß du aus unseren Bruchstücken Neues zusammenfügst; du, der selbst auf krummen Zeilen gerade schreiben kann. Und darum bitten wir durch Christus, unseren Herrn.

GEWISSENSERFORSCHUNG – MEDITATION
(Bitte auswählen und durch Lieder unterbrechen)

I. HINFÜHRUNG: VON DER WICHTIGKEIT DES TRÄUMENS

Heute darf ich Sie einladen, weniger auf unsere Scherben oder Bruchstücke zu schauen: Vielmehr möchte ich mit Ihnen träumen. Träume sind so wichtig, um im Blick nach vorne fürs Heute neue Kräfte zu sammeln.

• Träume ich noch ab und zu? Wann war es das letzte Mal? Oder bin ich so eingespannt, so ausgebucht, daß ich meinem Unterbewußtsein keine Träume mehr gestatte? Das ist vielleicht genauso schlimm, wie keine Tränen mehr weinen zu können! Lasse ich mir keine Zeit, über meine Träume nachzudenken? Träume, die mir Signale über meine innere Verfassung schenken.

Träume ich noch davon, wie das Miteinander in Ehe und Familie, in Schule und Beruf eigentlich sein sollte? Träume ich noch von der großen Zukunft der Kinder und Enkel, oder starre ich nur auf die Wirklichkeit? Träume ich von einer geschwisterlichen Kirche, in der jeder aufatmen kann, oder schaue ich nur reserviert auf die Hierarchie der Kirche, die mich in ihrer Unbeweglichkeit ärgert?

Stille

Meditation

1. Spr.: In einer Welt voller Streit und Krieg träumen
von einer Welt, in der jeder frei atmen kann:
Damit ich eine kleine Welt möglich mache,
in der Freiheit und Gerechtigkeit sichtbar werden.

2. Spr.: In einer Welt mit Kälte und Ellbogen träumen
von einer Welt, in der sich jeder geborgen fühlt:
Damit ich eine kleine Welt möglich mache,
in der Vertrauen und Wärme herrschen.

122

1. Spr.: In einer Welt mit Verzweiflung und Orientierungslosigkeit
träumen von einer Welt,
in der gehofft wird auf ein besseres Leben:
Damit ich eine kleine Welt möglich mache,
in der ich mit Arbeit und Gebet für das Gute kämpfe.

2. Spr.: Ich träume, daß dabei jemand mit mir sucht,
damit wir eher ans Ziel gelangen.
Ich träume, daß dabei jemand mit mir hofft,
damit unser Mut wächst.
Ich träume, daß dabei jemand mit mir geht,
damit diese Liebe unsere Angst vertreibt.

1. Spr.: Vergiß das Träumen nicht!
Denn das, was werden soll,
müssen wir zuerst einmal herbeiträumen!

Beim Träumen sollen uns die Kaleidoskope helfen, die Sie bitte jetzt
durch die Reihen weitergeben. Schauen Sie nicht nur flüchtig hin-
durch, sondern lassen Sie sich dabei Zeit. Genießen Sie die wunderbaren Bilder, die sich immer wieder verändern, wenn Sie am Kaleidoskop drehen oder schütteln. Erst wenn Sie genug gestaunt haben,
geben Sie es bitte an den Nachbarn weiter. Diese „Schönbildschauer"
– wie die wörtliche Übersetzung aus dem Griechischen lautet: Kalos =
schön; eidos = Bild; skopein = schauen –, sie sind genau das Gleichnis,
um das es in dieser Bußfeier geht. Denn wenn Sie sie auseinandernehm-
men, um hinter das Geheimnis der herrlichen Bilder zu kommen,
finden Sie nur zerschlagene bunte Kristallsteine, kleine Drahtreste
und Spiegelscherben. Das Zusammenspiel der Scherben und
Bruchstücke bringt diese phantastischen Bilder zustande, die so
traumhaft schön sind.

II. TRÄUME UND VISIONEN IN DER BIBEL
Zunächst entführe ich Sie jetzt in die Welt der Bibel, in der so oft aus
Bruchstücken Wunderbares wurde:

1. PROPHETIEN
Da gibt es die Propheten, die schöne Träume über die Zukunft
aussprechen, obwohl sie oft auf taube Ohren treffen oder das Land nur
noch die Trümmer einstiger Herrlichkeit sieht. Wir hören einmal von
diesen Träumen, wie sie im Advent oft in den Lesungen vorkommen:

1. Spr.: Der Prophet Jesaja spricht: „Die Wüste soll sich freuen, die Steppe soll jubeln und blühen. Bedeckt mit Blumen, soll sie üppig blühen und jubeln, ja jubeln und jauchzen. Die Herrlichkeit des Libanon wird ihr zuteil und die Pracht des Karmel. Mein Volk wird die Herrlichkeit des Herrn schauen, die Pracht unseres Gottes. So stärkt die schlaffen Hände, festigt die schlotternden Knie! Sprecht zu den Verzagten: Seid stark! Fürchtet euch nicht! Seht da, euer Gott. Er selbst wird kommen und euch retten. Dann werden die Augen der Blinden aufgetan, die Ohren der Tauben öffnen sich. Dann springt der Lahme wie ein Hirsch, die Zunge des Stummen jubelt!" (Jes 35,1–6a; 1. Lesung, 3. Advent, Lesejahr A)

• Glaube ich an einen Gott, der auch mir die Blindheit und Taubheit meines Herzens nehmen kann, mit der ich den Partner/die Partnerin, die Kinder, den Nächsten nerve? Traue ich ihm zu, mir die Lahmheit zu nehmen, die ich mir im Laufe der Zeit zugelegt habe? Kann er meine Zunge lösen, die sich nicht mehr genug einsetzt für Unrecht und Not?

Stille

2. Spr.: An anderer Stelle heißt es im Buch Jesaja: „Ein Reis wird aus dem Stumpf Isais sprossen, ein Schößling aus seinen Wurzeln Frucht bringen. Dann wohnt der Wolf beim Lamm, der Panther liegt beim Böcklein. Kalb und Löwe weiden zusammen, ein kleiner Knabe kann sie hüten. Kuh und Bärin befreunden sich, ihre Jungen lagern beieinander. Der Löwe frißt Stroh wie das Rind. Der Säugling spielt am Schlupfloch der Natter, in die Höhle der Viper steckt das entwöhnte Kind die Hand." (Jes 11,1.6–8; 1. Lesung, 2. Advent, Lesejahr A)

• Können wir davon träumen: Arbeitgeber und Gewerkschaftler trinken zusammen ein Bier? Der Kapitalist beschenkt den Landarbeiter aus Peru? Keiner wird mehr gefoltert? Keiner fällt brutal über ein Kind her? Kurz, ein paradiesischer Friede bricht aus!?
An Gott scheitert das nicht. Bei ihm ist das möglich. Betrachten wir doch nur die Wurzeln des Baumstumpfes Isai, den Stammbaum Jesu: Das wären Storys für gewisse Illustrierten! Da wurde Tamar zur Dirne, als sie sich verkleidet ihrem Schwiegervater(!) Juda hingab (vgl. Gen 38). Auch Rahab war ein schwarzer Fleck im Hause Davids:

Sie war die Hure von Jericho, die ihr Freudenhaus direkt an der Stadtmauer hatte. Diese kriminelle und gedemütigte Frau überlebte mit ihrer Familie als einzige den Fall Jerichos, weil sie israelische Kundschafter aufnahm und sie vor der politischen Polizei Jerichos versteckte (vgl. Josua 2). Und was leistete sich König David selbst? Er ließ, um Batseba ehelichen zu können, ihren Mann im Krieg töten. Und mit ihr zeugte er dann Salomo, der ebenfalls zum Stammbaum Jesu gehört (vgl. 2 Sam 11+12). Und aus solch einer Ahnenreihe voller „Scherben" kommt der Messias, das herrliche Signal für alle Völker! (Jes 11,10)

2. VISION AUF DEM BERGE TABOR

Es gibt eine weitere wunderbare Vision in der Hl. Schrift: Die Verklärung Jesu auf dem Berge Tabor. Gerade noch hat Jesus von seinem bevorstehenden „Scheitern" gesprochen, von den Scherben seines Lebens: In Jerusalem wird er von den Ältesten, den Hohenpriestern und den Schriftgelehrten vieles erleiden, und er wird getötet werden ... Petrus macht ihm deshalb Vorwürfe: „Das soll Gott verhüten! Das darf nicht geschehen!" Aber Jesus weist ihn schroff ab. Seine Antwort auf dem Berge Tabor ist wie der Blick ins Kaleidoskop: Jesu Gesicht leuchtete wie die Sonne, seine Kleider wurden blendend weiß wie das Licht. Petrus gefällt das so sehr, daß er bleiben und Hütten bauen will. Die Jünger dürfen über den Horizont des Leidens und Todes hinausschauen und einen Blick erhaschen von der herrlichen Zukunft, die in der Auferstehung Christi beginnt. So gestärkt können sie wieder in den Alltag hinabsteigen (Mt 17,1–9).

• Steige ich ab und zu auf einen Berg, d.h. in die Stille und ins Ausspannen, um über die Niederungen des Alltags hinwegzuschauen? Entdecke ich dann neu meine Vision, meinen Lebenssinn, meine Begeisterung, für die es sich zu leben lohnt? Oder ist auch der Sonntag regelmäßig für den Freizeitbetrieb reserviert oder todlangweilig? Wenn mir ein lieber Mensch gestorben ist: Schaue ich nur auf die Bruchstücke, die der Tod hinterläßt, oder schaue ich über den Horizont dieser Welt hinaus auf die Gemeinschaft im Jenseits, in der wir uns wiedersehen? Kann ich nicht aufgrund der Auferstehung Christi schneller ja sagen zum Leben jetzt?

Stille

3. DER VERLORENE SOHN: NACH DEM SCHEITERN DAS FEST

Noch ein Blick in die Hl. Schrift: Da sitzt ein junger Mann auf den Trümmern seiner Träume. So toll hatte er sich alles vorgestellt, und jetzt ist er so tief gesunken, tiefer geht es nicht mehr: Er hockt nämlich zwischen den Schweinen. Aber selbst dann, sagt die Hl. Schrift, braucht der Mensch seine Vision von einem Neuanfang nicht aufzugeben; er bekommt eine neue Chance, die in einem fröhlichen Fest endet. Wir wollen noch einmal diese einmaligen Worte hören:

1. Spr.: Er hätte gern seinen Hunger mit den Futterschoten gestillt, die die Schweine fraßen. Aber niemand gab ihm davon. Da ging er in sich und sagte: Ich will aufbrechen und zu meinem Vater gehen und zu ihm sagen: Vater, ich habe mich gegen den Himmel und gegen dich versündigt. Ich bin nicht mehr wert, dein Sohn zu sein; mach mich zu einem deiner Tagelöhner. Dann brach er auf und ging zu seinem Vater. Der Vater sah ihn schon von weitem kommen, und er hatte Mitleid mit ihm. Er lief dem Sohn entgegen, fiel ihm um den Hals und küßte ihn. Da sagte der Sohn: Vater, ich habe mich gegen den Himmel und gegen dich versündigt; ich bin nicht mehr wert, dein Sohn zu sein. Der Vater aber sagte zu seinen Knechten: Holt schnell das beste Gewand, und zieht es ihm an, steckt ihm einen Ring an die Hand, und zieht ihm Schuhe an. Bringt das Mastkalb her, und schlachtet es; wir wollen essen und fröhlich sein. Denn mein Sohn war tot und lebt wieder; er war verloren und ist wiedergefunden worden. Und sie begannen, ein fröhliches Fest zu feiern (Lk 15,11–24).

• Vertraue ich grenzenlos auf diesen barmherzigen Vater? Wenn ich also keine Angst zu haben brauche, wage ich immer wieder neu den Aufbruch? Und genauso wichtig: Schenke ich diese Barmherzigkeit weiter und gestehe auch anderen einen Neuanfang immer wieder zu? „Vergib uns unsere Schuld – wie auch wir vergeben unseren Schuldigern!"

Meditation

1. Spr.: Wir halten das Kaleidoskop unseres Lebens in das Licht Gottes, und schon verwandeln sich die kleinen Splitter und Bruchstücke unseres Lebens in strahlende Kristalle:
In der Sonne deiner Barmherzigkeit, Herr, dürfen wir von einem neuen Anfang träumen. Du erhellst die blinden Augen

unseres Herzens. Wir erkennen: Selbst mit unseren Fehlern und Unzulänglichkeiten sind wir geliebt. Darum dürfen wir auch die Schwestern und Brüder lieben, die anders leben als wir.

2. *Spr.*: Wir richten das Kaleidoskop unseres Lebens in die Helligkeit des Himmels und staunen über diese Bildersprache, die Auge und Zunge lösen kann: Wir ahnen plötzlich, wie schön eine Welt wäre, in der wir uns wie Geschwister verstehen, einander helfen und verzeihen.

1. *Spr.*: Wir schauen hinter die Glassplitter des Alltags und befreien unsere toten Herzen im Farbenspiel des göttlichen Lichtes: Wir träumen von einer neuen Zeit, in der wir einander wie Schwestern und Brüder umarmen können. – Warum nicht schon jetzt?

Lied
Wie ein Traum wird es sein ... (siehe „Troubadour" Nr. 518)

III. DIE VOLLENDUNG NACH BRUCHSTÜCKHAFTEM AUCH IM LEBEN

Es gibt auch Ereignisse aus dem Alltag, die uns die Hoffnung geben, daß nicht immer Scherben das Letzte sind. Ich denke nicht an einen Lottogewinn in finanziellen Schwierigkeiten. Aber schon der Volksmund sagt: „Scherben bringen Glück", was sicherlich auf die Trümmerberge der zerbombten Städte zutrifft; der Schutt wurde vor der Stadt aufgetürmt, bepflanzt und gestaltet und wurde so zu Inseln für Erholungssuchende.

1. DER DAVID DES MICHELANGELO

Ich denke an Erfahrungen in der Geschichte, zum Beispiel daran, was Michelangelo widerfuhr:
Siehe „Kurzgeschichten 3", Nr. 200: „Der David des Michelangelo" *(auf zwei SprecherInnen verteilen).* Inhalt: Der als unbrauchbar eingestufte Marmorblock wird unter Michelangelos Händen zur berühmten David-Statue.
• Ist es auch mir schon gelungen, aus Bruchstückhaftem, Resten, Weggeworfenem etwas schönes Neues zu machen? Bin ich im guten Sinne stolz darauf? Hat es mir Mut gemacht, mich auch an anderes heranzuwagen? Spüre ich noch diese Initiative in mir, oder bin ich

müde oder zu satt geworden? Warum ist das so? Liegt die Schuld auch bei mir? Was unternehme ich dagegen?

2. DER „WUNDERKNABE"

Auch auf geistiger Ebene kann ich Erfahrungen machen, daß manche Umwege oder Abkürzungen – wo ich glaubte, ich würde sonst einiges verpassen – doch zu einem guten Ende kommen. Dazu ebenfalls eine Geschichte:

Siehe „Kurzgeschichten 2", Nr. 151: „Der Wunderknabe" *(auf zwei SprecherInnen aufteilen)*. Inhalt: Der Wunderknabe wird immer stiller, weil er so viele Täler und Wege nicht gehen kann, bis er auf dem Gipfel erkennt, daß er doch ans Ziel gekommen ist.

• Wir sind im Berufsleben zu Spezialisten geworden, die andererseits wenig Überblick haben über die gewaltigen Entwicklungen in allen Bereichen: Weiß ich, daß ich nichts weiß, oder trage ich stolz mein bißchen Wissen vor mir her? Habe ich schon erkannt, daß es im Leben mehr auf die Weisheit des Herzens ankommt, die mich froh und frei und dankbar sein läßt, wenn ich an einer kleinen Stelle mein Soll erfülle? Weiß ich um das Wesentliche, daß nämlich alles im Leben als Geschenk zu betrachten und das Erhaltene möglichst weiterzugeben ist, damit immer mehr Menschen glücklich leben können? Nehme ich deshalb auch alles Bruchstückhafte in meinem Leben gelassen in Kauf? Bin ich heiter und gelassen, weil ich darauf vertraue, daß Gott aus meinen Bruchstücken noch etwas Schönes machen kann?

Stille

3. AUSKLANG: HEITERKEIT DES HERZENS, DIE DER GLAUBE SCHENKT

Der Glaube an Gott, der auf krummen Zeilen gerade schreiben kann, schenkt uns letztlich die Heiterkeit und den Optimismus des Herzens.

1. Spr.: „Ich habe einen Traum", sagte Martin Luther King.
Mit diesem Traum wurde er fähig,
aus dem Berg der Verzweiflung
einen Stein der Hoffnung zu brechen.
Auch wenn er dabei erschossen wurde.

2. Spr.: Der alttestamentliche Joseph
erzählte den Brüdern seinen Traum
und wurde dafür in eine Zisterne geworfen und verkauft.

Aber die Erfüllung seines Traumes errettete später
seine ganze Familie vor dem Hungertode.

1. Spr.: Wer Glauben hat, der träumt von einer großen Zukunft.
Er legt aber deshalb nicht die Hände in den Schoß.
Er verschließt nicht die Augen vor der Not und
der Ungerechtigkeit in der Welt.
Glauben – das ist eine Tatkraft und Hingabe,
die von Gott kommt.

2. Spr.: Wer Glauben hat, der zittert nicht.
Er steht gelassen in allen Ereignissen.
Er ist nicht pessimistisch eingestellt,
verliert nicht die Nerven.
Glauben – das ist die Heiterkeit, die von Gott kommt.

1. Spr.: Wer Glauben hat, der schöpft aus einem Quell der Freude.
Er behält diese Freude aber nicht für sich.

2. Spr.: Er bringt sie vielmehr ein in die Gemeinschaften,
in denen er steht. Glauben – das ist ein Optimismus,
der von Gott kommt.

Schuldbekenntnis – Vergebungsbitte – Segen

Entlassung
1. Nehmen Sie bitte das Stückchen Halbedelstein mit, und legen Sie
es eine Zeitlang augenfällig für Sie hin: damit Sie sich erinnern!
2. Hinweis auf Kaleidoskope als besonderes Geschenk an Personen,
von denen Sie wissen, daß sie mit Bruchstücken und Scherben
fertig werden mußten. Adresse bereithalten und Preisliste (siehe
oben unter „Vorbereitungen" Nr. 2: Hier Bestellmöglichkeit. – Es
gibt auch Mandalaskope, Teleidoskope, Varioskope ...).

Lied zum Schluß
Wenn einer alleine träumt ... (siehe „Troubadour" Nr. 487)

22 Auf dem Weg zur Mitte

(Bußfeier mit einer Abbildung des Labyrinths von Chartres)

Hinweise
1. Diese Bußfeier ist anhand der Evangelien der Fastenzeit im Lesejahr C konzipiert.
2. Sie ist so angelegt, daß sie am Palmsonntag stattfindet. Bei einem früheren Termin ist es nötig, die letzten Punkte in eine andere Zeitform zu setzen einschließlich der Anschauung.

Vorbereitungen
1. *Jede(r) Tln erhält eine Postkarte mit obigem Bild. Wir sind gerne bereit, Ihnen das Litho der Postkarte leihweise zuzuschicken: Willi Hoffsümmer, Glescher Str. 54, D-50126 Bergheim-Paffendorf.*
2. *Das Labyrinth kann auch aufgemalt werden. Die einzelnen Gegenstände sind oder werden aufgeheftet.*
3. *Das Bild von Sieger Köder „Labyrinth und Rose", das unter „Ostermontag" erwähnt wird, ist als Meditationsbildchen (Bestell-Nr. 335) und als Postkarte (Best-Nr. SK 240) erhältlich beim Rottenburger Kunstverlag VER SACRUM, Reiserstr. 2, D-72108 Rottenburg. © Sieger Köder.*

Persönliche Begrüßung

Hinführung
Siehe Anhang 1, Nr. 6, 25, 26, 29, 56, 92.

Gebet

Herr, unser Gott. Manchmal ist unser Leben geheimnisvoll wie ein Labyrinth. Laß uns inmitten von Suchen und Zweifeln, in Angst und Dunkelheit erkennen, daß du bei uns bist. Stärke in uns das Vertrauen, daß der Glaube an deinen Sohn wie ein roter Faden ist, der uns nicht in eine Sackgasse führt, sondern in dir und deiner Liebe die Mitte finden läßt. Darum bitten wir durch Christus, unseren Herrn.

GEWISSENSERFORSCHUNG – MEDITATION
(Bitte auswählen und durch Lieder unterbrechen)

1. AM ERSTEN FASTENSONNTAG: DIE VERSUCHUNGEN JESU
Solch ein Labyrinth befindet sich am Eingang der Kathedrale von Chartres in Frankreich. Es mißt zwölf Meter im Durchmesser, der gesamte Weg bis zur Mitte beträgt 200 m. Wenn im Mittelalter die Leute die verschlungenen Wege auf ihren Knien abrutschten, dachten sie dabei über ihren eigenen Lebensweg nach. Das wollen auch wir jetzt:
Der Weg des Glaubens zur Mitte – der rote Faden zeigt ihn an – ist schmal und geht nicht geradeaus. Am ersten Fastensonntag hören wir von den Versuchungen Jesu in der Wüste. Auch wir sind diesen Versuchungen ausgesetzt (Lk 4,1–13).
• Glaube ich voranzukommen, auch wenn mein Weg sich scheinbar von der Mitte entfernt? Erkenne ich an den Kehrtwendungen, daß dieses Umkehren etwas mit dem Kreuz Christi zu tun hat, so wie auf dem Labyrinth alle Kehrtwendungen zusammen ein großes Kreuz ergeben (der Längsbalken geht hinter dem Rosenbusch weiter)?
Wie halte ich Rückschritte aus? Fühle ich mich als Versager? Oder sehe ich das als Teil der Nachfolge Christi, der mit mir geht, ja, der mir vorausgegangen ist, um in der Mitte das Böse und den Tod zu besiegen? So erweist sich die Mitte nicht als Sackgasse.

Stille

• Wo befinde ich mich derzeit in meinem Lebenslabyrinth? Sehe ich auch die anderen, die mit mir auf dem Weg zur Mitte sind, die jetzt neben mir sitzen oder stehen, oder glaube ich, ohne die anderen dürfte ich in der Mitte ankommen? Das wäre eine Versuchung unserer Zeit, den Glauben zu privatisieren! Vielmehr: Die anderen brauchen mich, und ich brauche die anderen.

Stille

Lied

Mach dich auf den langen Weg ... (M.: aus Slowenien, T.: Diethard Zils, tvd-Verlag, Düsseldorf)

2. DAS FERNGLAS KAM AM ZWEITEN FASTENSONNTAG HINZU

Die Jünger stiegen auf den Berg Tabor und durften einen Blick in die Zukunft werfen, gewissermaßen über den Horizont hinausschauen. Sie sahen Jesus, der gerade noch von Leid und Tod in Jerusalem gesprochen hatte, als verklärten Messias, der mit Mose und Elia sprach. Ein Weitblick in die kommende Herrlichkeit des Himmels, der sie stärken sollte für die schwierige Zeit, die vor ihnen lag (vgl. Lk 9,28b–36).

• Glaube ich fest an unsere große Zukunft, an das ewige Leben nach dem Tod? Suche ich an jedem Sonntag im Gottesdienst die Gemeinschaft derer, die mit auf dem Wege sind, um so wie auf einen Berg zu steigen und mit den Augen des Glaubens über den Horizont der täglichen Mühsal hinauszuschauen, um dann gestärkt mit anderen Augen durch die Woche zu gehen?

Stille

3. DER DRITTE FASTENSONNTAG WIES AUF DEN SPATEN

Wir erinnern uns an das Evangelium, in dem vom Feigenbaum die Rede war. Der Weingärtner, in dem die Gesinnung Jesu offenbar wird, will nicht zur Axt greifen, um den Baum ohne Früchte umzuhauen, nein, er möchte den Spaten nehmen, um den Boden aufzulockern und zu düngen. Solange wir leben, wartet Gott geduldig auf die Früchte am Baum unseres Lebens! Aber selbst die „Versager" dürfen darüber hinaus hoffen, daß Gott ihnen einmal gerecht und mit Herz begegnet (vgl. Lk 13,1–9).

Diese Barmherzigkeit Gottes sollten wir weitergeben an ein anderes Bäumchen, das heutzutage spärliche Früchte bringt. Es ist das Bäumchen der sogenannten „Dritten Welt". In einer Kurzgeschichte hören wir, in welchem Dilemma dort Hunderttausende Bauern stehen:

Siehe „Kurzgeschichten 4", Nr. 198: „Die Geschichte vom unwissenden Bauern" *(durch zwei SprecherInnen abwechselnd vorlesen lassen)*. Inhalt: Die Ausbeutung der Kleinbauern hält auch heute an. Gerechte Löhne würden Entwicklungshilfe überflüssig machen.

• Sind wir uns bewußt, daß das Diktat unserer Forderungen und Ansprüche wesentlich zur Not vieler Länder beiträgt? Ist uns klar, daß wir mit einem Geldschein bei der Misereor-Kollekte keine Spende geben, sondern nur etwas von dem zurückgeben, was die von den Industrienationen niedrig gehaltenen Weltmarktpreise dem Bauer an gerechtem Lohn vorenthalten? Ganz abgesehen davon, daß nach Jahrhunderten der Ausbeutung eine Wiedergutmachung angesagt wäre.

Stille

Es gibt Leute, die sagen: „Ich weiß nicht, was ich beichten soll!" Ehrlich gesagt, das verstehe ich nicht. Auch heute sind wieder Zehntausende von Menschen verhungert. Wir können nicht viel daran ändern, aber wir sündigen doch laufend durch Unterlassen ...

Stille

Lied
In Ängsten die einen ... (siehe „Troubadour" Nr. 291)

4. DER SCHÖNE RING WURDE AM VIERTEN FASTEN-SONNTAG ANGEBRACHT

Er erinnerte uns an den barmherzigen Vater, der seinem heimgekehrten Sohn den Ring der Versöhnung überstreifte (Lk 15,11–32).
• Glaube ich an diese umarmende, unendliche Liebe Gottes, die jeden annimmt, wie er ist, wenn er sich nur aufmacht? Oder gefalle ich mir in der Rolle des älteren Bruders, der neidisch vergleicht und dabei vergißt, daß er letztlich auch alles geschenkt bekommt? Kann ich mich schnell versöhnen und immer wieder verzeihen, weil Gott auch mir verzeiht?
Mit dem Maß, mit dem wir messen, wird uns einmal gemessen werden! (Mt 7,2).

Meditationsmusik

5. DER HAUFEN STEINE BLIEB AM FÜNFTEN FASTEN-SONNTAG LIEGEN

„Wer von euch ohne Sünde ist, der werfe den ersten Stein!" sagte Jesus angesichts der Pharisäer und Schriftgelehrten, die im Begriff waren, die Ehebrecherin aus der Stadt zu jagen und zu steinigen (vgl. Joh 8,1–11).

• Wie gehe ich mit Sündern und Außenseitern um? Sähe ich sie am liebsten ausgegrenzt: die wiederverheirateten Geschiedenen; die jungen Paare, die zusammengezogen sind; die Homosexuellen, die sich danach sehnen, akzeptiert und in Ruhe gelassen zu werden? Bin ich der Meinung: Sollen sie doch büßen und von der Rache des Himmels buchstäblich getroffen werden, all die Gesetzesbrecher, alle die hinter Gittern; alle, die sich um Gott nicht kümmern? Denke ich mit einem Herzen aus Stein über sie nach, der ich doch im Glashaus sitze mit meinen gedanklichen Ehebrüchen, mit meinen Verleumdungen, meinem Zynismus, mit neidischen, kalten Augen? Bin ich zutiefst in meinem Herzen noch gar nicht bekehrt? Denn ich gebe vor, hinter Jesus herzugehen, der aber doch jeden Außenseiter so annahm, wie er war: den Halsabschneider Zachäus; die öffentliche Sünderin, die ihm die Füße wusch; den Verbrecher am Kreuz ... Verdunstet unser christliches Zeugnis deshalb heutzutage, weil wir von Christus, unserem Herrn, so weit entfernt sind?

Stille

Lied
Eines Tages kam einer ... (siehe „Troubadour" Nr. 200)

6. DER PALMSONNTAG BRACHTE DEN PALMWEDEL DER „HOSIANNA-RUFE" UND DEN DORNBUSCH IN DER MITTE,
der das ganze Leid der Passionswoche symbolisiert. Dazwischen spielt sich auch unser Leben ab.

1. Spr.: Zwischen Freude und Leid
spielt sich unser Leben ab.
Heute Liebe, morgen Haß.
Heute Treue, morgen Verrat.

2. Spr.: Zwischen „Hosianna!" und „Kreuzige ihn!"
spielt sich unser Leben ab.
Heute Lob, morgen Tadel.
Heute Sicherheit, morgen Verzweiflung.
Heute Jubel, morgen Trauer.

1. Spr.: Zwischen Freude und Leid
spielt sich das Leben ab.
In uns und um uns:

Heute zärtlich, morgen grausam.
Heute entschlossen, morgen verwirrt.
Heute erfolgreich, morgen bankrott.

2. *Spr.:* Zwischen „Hosianna!" und „Kreuzige ihn!"
spielt sich unser Leben ab.
Heute fest im Glauben, morgen verzweifelt.
Heute gütig, morgen verbittert.
Heute alles, morgen nichts.

Heute sind die Bundesligastars und die Großen der Welt umjubelt,
morgen trampeln alle Medien auf Versagern herum. Wir brauchen Lob
und Anerkennung, aber erst wer auf Gott baut, braucht kein „Auf und
Ab" zu fürchten (vgl. Lk 22,14–23,56).
• Verschenke ich ehrliches Lob, oder erwarte ich Anerkennung nur
von anderen? Weide ich mich am Schicksal von Gescheiterten, und
erzähle ich gerne Fehler anderer weiter? Merke ich dabei überhaupt,
daß ich mich selbst auf Kosten anderer in besserem Licht spiegeln
will?

Stille

7. AUF UNSERER KARTE SEHEN WIR SCHON DAS ÖSTERLICHE GEHEIMNIS

Die Mitte des Labyrinths ist keine Sackgasse. Da wachsen aus Steinen
blühende Rosen: das Bild einer Liebe, die überströmt, die stärker ist
als Angst und Tod. Wir hören dazu eine symbolische Geschichte, die
sagen will: Dornen, Kreuz und Tod haben nicht das letzte Wort. Aus
Dornen können Rosen wachsen, wenn die Liebe nur groß genug ist.

(M = junger Mann, E = Priester, N = Nachtigall, R = Rosenstrauch)

E.: Es war einmal in einem fernen Land ein junger Mann, der war
ganz verzweifelt und rief:

M.: Meine Liebste sagt, sie würde mich lieben und heiraten. Aber als
letzten Beweis, ob ich es ehrlich meine, soll ich ihr eine leuchtend
rote Rose bringen. Aber nirgendwo kann ich eine finden.

E.: Das hörte die Nachtigall. Und sie sah seine Tränen. Da dachte sie:

N.: Er liebt sie wirklich. Was ich Abend für Abend besinge, daran
leidet er!

E.: Und sie flog zum Rosenstrauch hinüber und bat:

N.: Gib mir eine leuchtend rote Rose, und ich will dir mein schönstes
Lied singen.

E.: Aber der Rosenstrauch schüttelte den Kopf und sagte:

R.: Ich trage zwar so rote Rosen wie Korallen. Aber der starke Frost hat alle meine Knospen verbrannt. Ich kann in diesem ganzen Jahr keine Rosen tragen.

E.: Da wurde die Nachtigall sehr traurig und klagte:

N.: Gibt es denn gar keinen Weg, sie zu bekommen?

E.: Darauf antwortete der Rosenstrauch:

R.: Doch, es gibt einen Weg. Ich wage fast nicht, ihn dir zu sagen: Du mußt dein Herz gegen meinen Dorn drücken! Und du mußt so lange für mich singen, bis mein Dorn dein Herz durchbohrt.

E.: Betroffen sagte die Nachtigall:

N.: Der Tod ist ein hoher Preis. Aber die Liebe ist wichtiger als das Leben.

E.: Und als der Mond aufging, flog die Nachtigall zum Rosenstrauch. Sie sang die ganze Nacht und drückte dabei immer mehr ihre Brust gegen den Dorn. Langsam erblühte eine wunderbare Rose, Blütenblatt um Blütenblatt – blutrot wie ein leuchtender Rubin. Als sie vollendet war, fiel die Nachtigall tot ins Gras, den Dorn in ihrem Herzen ...

Da ging die Sonne auf und tauchte alles in ihr helles Licht. Der junge Mann blickte in den Garten, wunderte sich und rief voller Freude:

M.: Da ist ja eine rote Rose gewachsen! So eine schöne Rose habe ich noch nie gesehen!

E.: Und er brach die Rose ab und brachte sie seiner Liebsten. *(Kurze Stille)*

Die höchste Liebe ist nur unter großen Opfern zu erreichen. Wir sehen es an Jesus: Er gab sein Leben ganz für uns hin, damit wir an die Liebe Gottes glauben können.

(Nach einem Märchen von Oscar Wilde, sehr stark verkürzt und verändert)

• Glaube ich daran, daß die Liebe stärker sein kann als noch so scharfe Dornen? Bin ich davon überzeugt, daß ich mich nicht durch eigene Verdienste rechtfertigen, sondern mich nur der Liebestod Christi aus dem Labyrinth des Lebens retten kann?

Stille

Lied

Liebe ist nicht nur ein Wort ... (siehe „Troubadour" Nr. 2)

8. AM OSTERMONTAG

Am Ostermontag werden bei uns alle Kirchenbesucher ein Bild von Sieger Köder erhalten, das noch eine weitere Stufe des Labyrinths von Chartres zeigen wird: Wenn die Menschen das Labyrinth auf ihren Knien abrutschten, dann schauten sie dabei auf ein *Fenster im Westen*, das wie eine Rose aussieht und deshalb „Rosetten"-fenster genannt wird: Es stellt Christus im Gericht dar. Wenn die Sonne auf diese Rosette scheint, taucht sie den großen Kirchenraum in ein strahlendes Licht – ein Licht wie aus einer anderen Welt. Wer in dieses Licht schaut und im Dunkel des Labyrinths an die Liebe glaubt, darf auch am Ende des Lebens in das leuchtende Licht des Erbarmens Gottes blicken. Gott will uns nicht bloßstellen. Er will uns in seinem Sohn retten. Wenn das Glasfenster um 90 Grad auf das Labyrinth gesenkt würde, wäre es deckungsgleich. Damit wird ausgesagt: Keine Schuld ist so groß, daß sie nicht von Gottes Liebe voll und ganz „zugedeckt" werden kann.

Das gibt auch uns Sündern neue Hoffnung. Darum wollen wir uns jetzt hinknien – wem und wo möglich – und vor diesem Gott das Schuldbekenntnis sprechen:

Schuldbekenntnis – Vergebungsbitte

Entlassung
Nehmen Sie bitte die Karte als Andenken mit nach Hause. Wenn wir sie anschauen, möge sie uns immer wieder den Mut geben, im Labyrinth unseres Lebens an eine Mitte zu glauben, in der aus Steinen Rosen wachsen können ...

Lied
O Haupt voll Blut und Wunden ... GL 179

23 Versöhnung über uns

(Bußfeier mit Bändern in Regenbogenfarben)

Vorbereitung
1. *Stoffreste in Regenbogenfarben preiswert aufkaufen (evtl. gegen Spendenquittung). Die Stoffe werden in ca. 150 cm lange und ca. 10–20 cm breite Stoffbahnen zerrissen/geschnitten und an den Türen an die Eintretenden ausgeteilt. Schon beim Ausgeben der Stoffbahnen die Farben mischen.*
2. *Eventuell vor dem Altar oder an einer Wand ein großer Regenbogen.*

Persönliche Begrüßung
Wir haben uns als Sünder eingefunden in einer Zeit, in der kaum einer einsieht, schuldig geworden zu sein. –
Die Farbe Ihrer Stoffbahn, die Sie in Händen halten, gehört zu den Regenbogenfarben. Denn die verschiedenen Farben Rot, Orange, Gelb, Grün, Blau, Indigo und Lila zusammen ergeben einen Regenbogen. Sie sollen uns heute bei der Gewissenserforschung helfen.

Hinführung
Siehe Anhang 1, Nr. 25, 41, 46, 48, 49, 55, 85.

Gebet
Mächtiger Gott. Unter dem Symbol des Regenbogens haben wir uns zusammengefunden. Wir erinnern uns, daß dieses Zeichen der Versöhnung den Himmel manchmal überspannt: Das Zeichen des Bundes mit dir und der Erde, das sich auch in der Versöhnung zwischen Menschen widerspiegelt. So hilf uns, uns jetzt in der richtigen Weise für dich zu öffnen und mit den anderen in Kontakt zu treten. Darum bitten wir durch Christus, unseren Herrn.

Lesung
Zunächst hören wir die Schriftstelle von der Erwähnung des Regenbogens aus dem ersten Buch der Bibel, aus dem Buch Genesis.
Als alle Menschen und Tiere aus der Arche ausgestiegen und Noach Gott ein Opfer dargebracht hatte, sprach Gott zu Noach: „Ich stelle meinen Bogen in die Wolken, er soll das Zeichen des Bundes sein

zwischen mir und der Erde. Ballen sich Wolken über der Erde zusammen und erscheint der Regenbogen in den Wolken, dann gedenke ich meines Bundes: Er besteht zwischen mir und euch und allem, was auf der Erde lebt" (nach Gen 9,13–16).

GEWISSENSERFORSCHUNG – MEDITATION
(Bitte auswählen und durch Lieder unterbrechen)

1. DANKEN ALS VORAUSSETZUNG FÜR DIE ZUFRIEDENHEIT
Viele ausländische Mitbürgerinnen und Mitbürger, die gute Vergleichsmöglichkeiten haben, bescheinigen uns Deutschen unzufriedene, ja verdrießliche Gesichter. Wenn das so stimmt: Warum Unzufriedenheit gerade bei uns, die wir doch so reichlich beschenkt sind und Überfluß genießen dürfen? Aber vielleicht liegt hier genau der Punkt, in dem eine Negativentwicklung beginnt. Der evangelische Theologe Dietrich Bonhoeffer hat bereits vor gut fünfzig Jahren diesen Teufelskreis erkannt und beschrieben:
„Undankbarkeit beginnt mit dem Vergessen; aus Vergessen folgt Gleichgültigkeit; aus der Gleichgültigkeit Unzufriedenheit, aus der Unzufriedenheit Verzweiflung, aus der Verzweiflung der Fluch. (Meint er mit „Fluch": sein Leben wegwerfen wollen?) Dem Dankbaren aber zeigt Gott den Weg zu seinem Heil. Laß dich fragen, ob dein Herz durch Undank so mürrisch, so träge, so müde, so verzagt geworden ist?"
Wer also nicht mehr wirklich danken kann, der wird irgendwann mürrisch und unzufrieden und damit erfahrungsgemäß unversöhnlicher.
• Kann ich noch danken? Von Herzen auch dankbar sein für die kleinen Dinge, die uns das Leben verschönern? Die meisten von uns können z. B. in Urlaub fahren – und oft nicht nur einmal im Jahr. Es gibt eigentlich nur wenige in der Welt, die das können. Fragen wir uns weiter anhand der Regenbogenfarben:
Rot: Lasse ich mir Zeit für das Abendrot? Habe ich noch den Blick für Klatschmohn und rote Rosen? Genieße ich Rotwein und das flackernde Feuer – und bin dankbar?
Orange: Danke ich noch für die wohlschmeckenden Orangen und Mandarinen? Habe ich den Blick für das Morgenrot am Himmel, das mir wieder einen neuen Tag – auch diesen – schenkt? – Orange ist die Farbe der Vorfreude: Freue ich mich noch auf das Wandern durch die

Natur, auf das Besteigen der Berge, den Spaziergang am Strand, das Schwimmen im See?

Gelb: Erfreuen mich der Löwenzahn im Frühjahr und die blühenden Rapsfelder? Habe ich den Blick für die reifen Kornfelder im Sommer, den Sand in der Wüste und den Zitronenfalter über der Wiese? Danke ich für die strahlende Sonnenblume, das kleine Abbild der großen Sonne, die alles wachsen und blühen läßt, Pflanzen, Tiere und Menschen?

Grün: Unser Auge beruhigt sich am Grün der Wiesen, der Felder und Wälder. Unser Körper taucht dabei ein in seinen Ursprung und entspannt sich bis in die Seele. Danke ich noch für die Natur, die sich immer wieder erneuert und uns so Luft und Leben schenkt?

Das hellere Blau: Strahlend der wolkenlose Himmel. So ein Tag beflügelt mich und läßt mich träumen. Kann ich noch träumen und mich vom Blau eines Vergißmeinnichts beflügeln lassen?

Indigo, das dunklere Blau: Blau ist die Farbe des lebenspendenden Wassers für Mensch, Tier und Pflanze; Farbe der sprudelnden Bäche und Seen, der Meere und Ozeane. Die Blaumeise erhielt davon ihr Mützchen, die Kornblume die Blüte. Sehe ich das noch? Danke ich dafür?

Lila: Die Farbe des Veilchens, des Flieders – auch die Farbe der Buße und Umkehr: Daß ich wieder das Sehen lerne! Daß ich wieder das Danken übe! Damit die Unzufriedenheit in mir keinen Platz mehr findet. Damit die Unterschiede zwischen Geschöpf und Schöpfer wieder sichtbar werden. – Ein zufriedener Mensch ist viel fähiger, eine Gemeinschaft zu bereichern.

Stille

Meditation

1. Spr.:   Herr, ich danke dir, daß ich leben darf.
           Ich danke dir für die Sonne,
           die meinem Leben die Farben schenkt.
           Ich danke dir für die Nacht,
           die mich zur Ruhe kommen läßt.

2. Spr.:   Ich danke dir für den Verstand,
           der mich dich erkennen läßt.
           Ich danke dir für das Lachen,
           das alles leichter macht.

Ich danke dir für das Weinen,
damit ich nicht übermütig werde.

1. Spr.: Ich danke dir für die Luft zum Atmen.
Ich danke dir für die Augen, den Spiegel der Seele.
Ich danke dir für die bunten Farben,
die mein Gemüt erheitern.

2. Spr.: Ich danke dir, daß du bei mir bist.
Und daß du mir auch liebe Menschen
an den Weg gestellt hast.
Ich danke dir, daß du dem Tod die Macht genommen hast.
Und alles einmal in dir zu einem guten Ende kommt.

(Teilweise nach Helmut Breit, Wenn uns ein Licht aufgeht, Chr. Kaiser-Verlag, München)

Lied
(nach der Melodie „Danke für diesen guten Morgen"; siehe „Troubadour" Nr. 43:)
1. Danke für diese Abendstunde, danke für den vergangnen Tag;
danke, aus meines Herzens Grunde ich dich preisen mag.
2. Danke, denn du bist meine Stärke; danke, ich konnte Gutes tun;
danke, du gabst mir Kraft zum Werke, froh kann ich nun ruhn.
3. Danke, ich kann Verzeihung finden;
danke, ich darf um Gnade flehn;
danke, gedächtest du der Sünden, könnt' ich nicht bestehn.
4. Danke, du hast mich angenommen;
danke, mich schreckt nicht Nacht und Not;
danke, du wirst einst sicher kommen wie das Morgenrot.

2. DER FRIEDENSGRUSS: VERSÖHNUNG ÜBER UNSERER GEMEINSCHAFT

Eigentlich müßte der Friedensgruß in der hl. Messe wie ein Regenbogen über der versammelten Gemeinde aufgehen: Herzliche Zuwendung, spürbares Miteinander und, wo nötig, auch Versöhnung und Erbarmen. Denn wir können uns nicht anschließend in der hl. Kommunion mit Jesus verbinden, wenn wir auch nur einen Menschen dabei ausschließen. Die Worte in der Hl. Schrift sind überdeutlich: Und Petrus fragte: „Herr, wie oft muß ich meinem Bruder vergeben, wenn er sich gegen mich versündigt? Siebenmal?" Jesus sagte zu ihm: „Nicht siebenmal, sondern siebenundsiebzigmal" (Mt 18,21f).

Das heißt: Immer! – Hierin können sich Christen von allen anderen Menschen unterscheiden!

Oder die Schriftstelle Mt 5,23f: „Wenn du deine Opfergabe zum Altar bringst und dir dabei einfällt, daß dein Bruder etwas gegen dich hat, so laß deine Gabe dort vor dem Altar liegen; geh und versöhne dich zuerst mit deinem Bruder oder deiner Schwester, dann komm und opfere deine Gabe."

In jedem Vaterunser beten wir: „Vergib uns unsere Schuld, wie auch wir vergeben unseren Schuldnern."

Über all den Fragen der Hygiene und der nassen Hände hinaus lebt und atmet unsere Gemeinschaft also aus dieser Bereitschaft zur Versöhnung und zum Friedensgruß heraus. Ich weiß, was jedem von uns dabei abverlangt wird. Überlegen wir einmal anhand der Farben des Regenbogens, wie unterschiedlich Menschen sind:

Das *Rot* erinnert mich an Menschen voller Herzlichkeit – und gleich daneben sehe ich manchmal plumpe, egoistische „Typen", die sich selber natürlich ganz anders einschätzen.

Bei *Orange* denke ich an all jene, die gerne zum Gottesdienst kommen – und gleich daneben erscheinen welche, die nichts vermissen, wenn sie wochenlang hier nicht auftauchen.

Beim *Gelb* sehe ich Kinder vor mir, die ich umarmen möchte, und all die „sonnigen" Menschentypen, die vielleicht ohne ihre positive Lebenseinstellung in ihren Schwierigkeiten schon lange untergegangen wären. – Und sofort daneben neidische, mißgünstige Menschen, die gerne vergleichen und verdachtigen und die Atmosphäre vermiesen.

Grün erinnert mich an Menschen voll Hoffnung – und gleich daneben schaut mich Verzweiflung an.

Bei *Blau* denke ich an Menschen voller Sehnsucht nach dem Reich Gottes – daneben stehen diejenigen, die gewohnt sind, nur bis vor ihre Füße zu schauen.

Indigo, das dunklere Blau: Ich sehe Menschen, die sich um Treue bemühen, neben denen, die treulos sind. – Ich reiche Christen voller Vertrauen auf Gott die Hand – und schaue auch in Gesichter voller Angst vor der Zukunft.

Schließlich *Violett*: Da stehen Bußfertige mit manchmal zu großer Demut und zu wenig Selbstwertgefühl – und andererseits Selbstherrliche, die natürlich nur alleine wissen, wie der Weg aus jedem Dilemma führt – aber keinen Finger dafür rühren.

Also: Rein menschlich gesehen ist es bei so vielen Unterschieden unmöglich, den Regenbogen der Versöhnung aufstrahlen zu lassen. Aber *in Jesus*, der möchte, daß wir uns auf jeden Menschen einlassen, wollen wir es versuchen.

Friedensgruß
Gebt einander ein Zeichen der Versöhnung oder des Miteinanders. Lassen Sie sich dabei Zeit. Wenn Sie allerdings jemanden sehen, mit dem Sie schon immer Frieden schließen oder zu dem Sie ein gutes Wort sprechen wollten, dann machen Sie sich auf den Weg, und verwirklichen endlich, was Sie sich vorgenommen hatten – im Vertrauen auf Gottes guten Geist.
(Einige Minuten Zeit lassen – je nach Gewohnheit und Herzlichkeit, in der in der Gemeinde der Friedensgruß „gefeiert" wird.)

Lied
Friede soll mit euch sein ... (siehe „Troubadour" Nr. 195)

3. EIN REGENBOGEN ÜBER UNSERER GEMEINSCHAFT
Wir lassen uns jetzt noch intensiver auf unsere Nachbarn rechts und links ein und knüpfen unsere Regenbogentücher aneinander, so daß in jeder Reihe ein langer Regenbogen entsteht. Knüpfen Sie bitte die Enden Ihres Tuches nach beiden Seiten. Helfen Sie sich ruhig gegenseitig, wenn das Knoten Schwierigkeiten macht. – *(Zeit zum Knoten lassen)*
Beim Katholikentag in München konnte man beim Abschluß-gottesdienst im Stadion erleben, wie fast 80.000 Menschen den Kanon „Herr, gib uns deinen Frieden" in Bewegung miteinander sangen, fast tänzerisch. Wir singen diesen Kanon jetzt auch und bewegen unsere Regenbögen dazu. Am besten stehen wir dazu auf ...

Kanon: Herr, gib uns deinen Frieden ... (viermal durchsingen) (siehe „Troubadour" Nr. 143)

(Wir setzen uns wieder und fragen uns:) Spannt sich wirklich ein Regenbogen der Versöhnung über unserer Gemeinschaft? Er erinnert ja zunächst an den Bund Gottes mit uns Menschen.

Stille

• Fühle ich mich mit Gott verbunden und von ihm getragen? Richte ich mich an Gottes Güte aus, der seine Sonne aufgehen läßt über

Guten und Bösen, der es regnen läßt über Gerechte und Ungerechte, über Einheimischen und Fremden? (Mt 5,45)

Stille

• Sehe ich den Nächsten, die Schwester und den Bruder, neben mir mehr mit seinen positiven Eigenschaften als mit seinen Ärgernissen? Helfe ich ihm, die Schätze seiner Begabungen auch in unserer Gemeinschaft auszuteilen – oder mache ich ihn lieber klein, damit ich meine Position nicht verliere? Besitze ich Demut, die daran denkt, daß der andere von Gott vielleicht nur 0,1 Talent bekommen hat und am Ende des Lebens nur 0,2 Talente vorzuweisen braucht, während ich vielleicht zwei Talente und mehr erhielt und dementsprechend arbeiten darf und soll.
Richte ich erbarmungslos in den Gemeinschaften, in denen ich stehe, oder richte ich auf? Bin ich versöhnlich? Arbeite ich Konflikte auf, oder kehre ich sie unter den Teppich? – Schenke ich der Gemeinschaft der Christen am Sonntag meine Anwesenheit? Denn wenn eine Farbe fehlt, kann der Regenbogen nicht seine ganze Leuchtkraft zeigen. – Vergesse ich die Alten und Kranken unserer großen Gemeinschaft? – Sehe ich mich auch als Farbtupfer in der noch größeren Gemeinschaft des Staates?
Habe ich mich in den vergangenen fetten Jahren verwöhnen lassen, und sind dabei meine Ansprüche enorm gestiegen? Gebe ich mich jetzt auch mit kleineren „Kartoffeln" zufrieden? Bete und bitte ich wenigstens für den Frieden bei uns und in der Welt, oder überlasse ich alles den Politikern?

Stille

Meditation

1. Spr.: Es ist nie zu spät, sich zu versöhnen – wie es nie zu spät ist zu lieben. Wer keine Versöhnung will, bleibt in der Nacht, und es liegen Steine in seinem Herzen. Dann kann die Friedlosigkeit wie ein Krebsgeschwür viel leichter im Herzen wuchern.

2. Spr.: Versöhnung mag manchmal unmöglich erscheinen, weil jede Versöhnung von zwei Seiten kommen muß. Versöhnung braucht Zeit und kann nicht erzwungen werden.

1. Spr.: Versöhnung muß ich säen: Kleine Körnchen Frieden und

Freundschaft und positive Gedanken. Dann wächst Versöhnung entlang des Weges, auf dem ich anderen begegne.

2. *Spr.*: Dir wurde im Leben viel vergeben – und sei es von Gott? Dein Herz schlägt manchmal vor Dankbarkeit? Dann wage auch den ersten Schritt – soviel es an dir liegt – soweit du nur irgendwie kannst.

1. *Spr.*: Es ist nie zu spät. Der versöhnliche Weg kostet viel weniger Nerven und Geld. Dann kann der Regenbogen über uns und unserer Gemeinschaft aufgehen.

(Nach Sr. M. Dorothee Schneider OSM und Phil Bosmans)

Oder:

1. *Spr.*: Wir hier können Gottes Regenbogen sein:
Wenn wir wissen, daß uns das Wesentliche
von Gott gegeben ist, der uns hält und trägt.
Dann leuchtet das Blau seiner Treue
mitten in unserem Vertrauen in die Welt hinein.

2. *Spr.*: Wir können Gottes Regenbogen sein:
Wenn wir miteinander feiern
und uns an Gottes Wort erfreuen.
Dann leuchtet die gelbe Farbe der Sonne Gottes
über unserem Miteinander.

1. *Spr.*: Wir können Gottes Regenbogen sein:
Wenn wir Gottes Schöpfung behüten und erneuern.
Dann leuchtet die grüne Farbe der Hoffnung
auch für die kommenden Generationen.

2. *Spr.*: Wir können Gottes Regenbogen sein:
Wenn wir einander die Schuld vergeben
und Verzeihung hinaustragen.
Dann leuchtet ein Violett
wie beim Abendglühn über unserer Welt.

(Nach einer Idee bei Gerhard Eberts, Familiengottesdienste, Rex-Verlag, Luzern 1986, S. 103)

Lied vom Regenbogen

Unsere Hoffnung bezwingt die schwarze Angst ... (mit vielen Farben!) (siehe „Mein Liederbuch 2, Oekumene heute", tvd-Verlag ²1993, Düsseldorf, B 212)

Geschichte

Wir hören noch eine Geschichte vom Regenbogen als Ausklang. Sie fragt uns, ob auch wir „Brückenbauer" sein möchten.

1. Spr.: „Du hast einen schönen Beruf", sagte das Kind zum alten Brückenbauer, „es muß sehr schwer sein, Brücken zu bauen."

„Wenn man es gelernt hat, ist es leicht", sagte der alte Brückenbauer, „es ist leicht, Brücken aus Beton und Stahl zu bauen. Die anderen Brücken sind viel schwieriger", sagte er, „die baue ich in meinen Träumen." „Welche anderen Brücken?" fragte das Kind.

2. Spr.: Der alte Brückenbauer sah das Kind nachdenklich an. Er wußte nicht, ob das Kind es verstehen würde. Dann sagte er: „Ich möchte eine Brücke bauen – von der Gegenwart in die Zukunft. Ich möchte eine Brücke bauen von einem zum anderen Menschen, von der Dunkelheit in das Licht, von der Traurigkeit zur Freude. Ich möchte eine Brücke bauen von der Zeit in die Ewigkeit, über alles Vergängliche hinweg."

1. Spr.: Das Kind hatte aufmerksam zugehört. Es hatte nicht alles verstanden, spürte aber, daß der alte Brückenbauer traurig war. Weil es ihn wieder froh machen wollte, sagte das Kind: „Ich schenke dir meine Brücke."

2. Spr.: Und das Kind malte für den Brückenbauer einen bunten Regenbogen.

(Anne Steinwart, Rechte bei der Autorin)

• Bin ich Brückenbauer – von der Dunkelheit in das Licht, von der Traurigkeit zur Freude?

Querflötenspiel

Gemeinsames Schuldbekenntnis und Vergebungsbitte
Vielleicht haben wir uns bei der einen oder anderen Frage eingestanden, hinter unseren Möglichkeiten geblieben zu sein oder Wichtiges unterlassen zu haben. So laßt uns jetzt vor Gott und voreinander das Schuldbekenntnis sprechen: Ich bekenne ...

Aktion
Entknoten Sie jetzt wieder Ihren Regenbogen. Nehmen Sie Ihre Farbe als Andenken mit nach Hause. Oder falls Ihr Nachbar Ihre Lieblingsfarbe hat, tauschen Sie mit seinem Einverständnis. Fragen Sie! – Hängen Sie dieses Tuch zu Hause noch eine Zeitlang gut sichtbar hin – um sich zu erinnern!

Segen

Schlußlied
Im Regenbogen sind wir aufgehoben ... (T.: Thomas Laubach, Kanon: Thomas Nesgen, © tvd-Verlag, Düsseldorf)

24 Weihrauch – Symbol der Gottesnähe

(Bußfeier mit Weihrauchkörnern)

Hinweis

Es ist angebracht, bei der Ankündigung der Bußfeier darauf hinzuweisen, daß Weihrauch darin eine große Rolle spielt, weil viele ihn nicht vertragen.

Vorbereitungen

1. Jede(r) Tln erhält in einem kleinen Tütchen, das nicht knistert, ein paar Weihrauchkörner.

2. Zu Beginn der Bußfeier liegen zwei bereits glühende Kohlen in einem Weihrauchfaß oder auf einem Behälter bereit, auf die Gl ab und zu (siehe Text) ein paar Weihrauchkörner legt. Etwa 20–25 Minuten nach Beginn werden viele glühende Kohlen in eine größere Schale gegeben, damit bei dem Bußgang nach vorne, bei dem jeder ein paar seiner Weihrauchkörner auf die glühenden Kohlen legt, diese glühend sind und die Wirkung direkt sichtbar wird.

Lied

O Herr, nimm unsere Schuld ... GL 168

oder: O Herr, wir rufen alle zu dir ...(siehe „Troubadour" Nr. 214)

Persönliche Begrüßung und Hinführung

Sie gehören zu denen, die Weihrauch vertragen? Vielleicht kam der Weihrauch deshalb in Verruf, weil in manchen Kirchen an der Qualität gespart wurde. In den orthodoxen Kirchen ist Weihrauch nicht wegzudenken. Dort vermag ein Christ bereits am Duft des Weihrauchs zu erkennen, welches Hochfest gefeiert wird. Dabei geht es um die Grundaussage: Der Wohlgeruch Gottes und Christi vertreibt den Todesgestank des Teufels.

Daran mag auch der Münchener Kardinal Julius Döpfner († 1976) gedacht haben, wenn er auf einem eben konsekrierten Altar das Weihrauchopfer zu einem Höhepunkt der Kirchweihe werden ließ: Da glommen nicht etwa ein paar Flämmchen in Opferlichterformat vor sich hin, nein, die fünf sorgfältig konstruierten und duftmäßig wohlkomponierten Feuer von ca. 10 cm Höhe entließen deutlich sichtbare und riechbare Wolken, die über dem Altar aufstiegen und sich schließlich vereinten, sich an der Kirchendecke brachen und dann wieder niedersanken. Bei Sonnenschein besonders herrlich anzusehen. Das war vollzogenes Gebet. „Dieser Weihrauch steige auf zu dir, o Gott, und es steige herab auf uns deine Barmherzigkeit."
(Nach Wilhelm Schulze, „gottesdienst" 22/94, S. 171)

Gebet
Guter Gott. Sag du ja zu mir, wenn alles nein sagt, weil ich so vieles falsch gemacht. Wo Menschen nicht verzeihen können, nimm du mich an trotz meiner Schuld. Denn wenn du – der Wichtigste für mich – ja sagst, kann ich leben; stehst du zu mir, dann kann ich gehn und kann für dich und die anderen wieder zum *Wohlgeruch* werden. Darum bitten wir durch Christus, unseren Herrn.
(Nach GL 165)

GEWISSENSERFORSCHUNG – MEDITATION
(Bitte auswählen und mit Liedern unterbrechen)

1. WEIHRAUCH – SYMBOL FÜR UNSER LEBEN
Wir nehmen aus unserem Tütchen ein, zwei Weihrauchkörner und legen sie in unsere Hand. Wir schauen darauf.

1. Spr.: Das Weihrauchkorn in unserer Hand ist so winzig, daß wir es kaum spüren. Es ist unansehnlich und unscheinbar, aber es wurde über Jahrhunderte hinweg wie Gold behandelt und mit Gold aufgewogen. Was macht es so kostbar?

2. Spr.: Es ist ein Tropfen Baumharz. Entstanden aus dem Lebenssaft exotischer Bäume zwischen Rinde und Holz; da, wo in winzigen Kanälen Wasser läuft und Nährstoffe transportiert werden. An manchen Stellen dringt der kostbare Saft durch die Rinde nach außen, Zucker verleiht ihm Festigkeit, und das Harz kann wie Perlen geerntet werden.

1. *Spr.:* Jede Weihrauchperle ist also voll von Lebensnotwendigem. Geheimnisvoll sind Nähr- und Duftstoffe gebunden. Ins Feuer geworfen, entfaltet sich ihr ganzer Reichtum. Die Kostbarkeit des Lebendigen wird riechbar.

2. *Spr.:* Das kleine Korn in unserer Hand kann Symbol für unser Leben sein. Auch in uns, unansehnlich und unscheinbar, leben Kostbarkeiten, die durch die Gegenwart Gottes geheiligt sind.

Gl: Diese Kostbarkeiten entfalten sich erst, wenn wir bereit sind, uns im Dienst an Gott und die Menschen hinzugeben. Diese Hingabe kann schmerzvoll sein – wie für diese Weihrauchkörner, die ich jetzt auf die glühenden Kohlen lege. *(Alle zuschauen lassen, wie die Weihrauchkörner sich in Duft verwandeln, der hochsteigt; danach erst fortfahren:)*
Aber wenn wir uns für den Nächsten hingeben, können diese Kostbarkeiten wahrnehmbar werden: sichtbar und – bitte richtig verstehen! – „riechbar".
• Bin ich bereit zu dienen? Immer wieder – trotz schlechter Erfahrungen? Oder möchte ich mich erhalten – wie das Weihrauchkorn im Tütchen – das dann allerdings seine eigentliche Bestimmung verpaßt!? Können andere durch mich die Nähe Gottes spüren?
(Nach Richard Geier, Schaufling, in „Anzeiger für die Seelsorge" 1/95, S. 47)
Wir legen die Körner ins Tütchen zurück und singen:

Lied
Wer leben will ..., muß sterben wie ein Weizenkorn ... GL 183

2. WEIHRAUCHWOLKE – SYMBOL DER NÄHE GOTTES

Im Alten Testament, im Buch Exodus, heißt es bei der Rettung des Volkes Israel am Schilfmeer: „Der Herr zog vor ihnen her, bei Tag in einer Wolkensäule, um ihnen den Weg zu zeigen, bei Nacht in einer Feuersäule, um ihnen zu leuchten. So konnten sie Tag und Nacht unterwegs sein. Die Wolkensäule wich bei Tag nicht von der Spitze des Volkes, und die Feuersäule nicht bei Nacht" (Ex 13,21–22).
Die Wolke ist also ein altes Symbol für die Gegenwart Gottes. Und immer, wenn aus Weihrauchduft eine Wolke um den Altar gelegt wird und hochsteigt, können wir uns an die unsichtbare Nähe Gottes erinnern. In den Ostkirchen entspricht der Altar des Himmels dem Altar in der Kirche: Der Altar ist Thron Gottes, aber auch Zeichen für

Christus selbst. Dieser liebevolle Umgang mit dem Heiligen setzt sich dort und zum Teil bei uns fort im Beräuchern des Kreuzes, der Heiligenbilder, der Altardiener und der Gläubigen, in denen Gott und Christus auch gegenwärtig ist.

(Hier legt Gl viel Weihrauch ins Weihrauchfaß, geht inzensierend ganz um den Altar und stellt danach das Weihrauchfaß auf den Altar.)

• Glaube ich an die Gegenwart Gottes, der in mir, um mich, über und unter mir ist? Der Mose im brennenden Dornbusch seinen Namen verriet, indem er sagte: „Ich bin der ‚Ich-bin-da‘ für euch!" (Ex 3,14). Glaube ich an die Gegenwart Gottes in jedem Menschen, der mir begegnet, der jetzt neben mir sitzt? Bin ich dem in meinen Begegnungen und Urteilen gerecht geworden? –

Wir schauen bei der Meditation, die wir jetzt hören, zum Weihrauchfaß auf dem Altar.

Meditation

1. Spr.: Gott spricht:
        In die Lichtblicke deiner Hoffnung
        und in die Schatten deiner Angst,
        in die Enttäuschung deines Lebens
        und in das Geschenk deines Zutrauens
        lege ich meine Zusage: *Ich bin da!*

2. Spr.: In das Dunkel deiner Vergangenheit
        und in das Ungewisse deiner Zukunft,
        in den Segen deines Wohlwollens
        und in das Elend deiner Ohnmacht
        lege ich meine Zusage: *Ich bin da!*

1. Spr.: In das Spiel deiner Gefühle
        und in den Ernst deiner Gedanken,
        in den Reichtum deines Schweigens
        und in die Armut deiner Sprache
        lege ich meine Zusage: *Ich bin da!*

2. Spr.: In die Fülle deiner Aufgaben
        und in deine leere Geschäftigkeit,
        in die Vielzahl deiner Fähigkeiten
        und in die Grenzen deiner Begabung
        lege ich meine Zusage: *Ich bin da!*

1. Spr.: In das Gelingen deiner Gespräche
und in die Langeweile deines Betens,
in die Freude deines Erfolgs
und in den Schmerz deines Versagens
lege ich meine Zusage: *Ich bin da!*

2: Spr.: In das Glück deiner Begegnungen
und in die Wunden deiner Sehnsucht,
in das Wunder deiner Zuneigung
und in das Leid deiner Ablehnung
lege ich meine Zusage: *Ich bin da!*

1. Spr.: In die Enge deines Alltags
und in die Weite deiner Träume
und in die Kräfte deines Herzens
lege ich meine Zusage: *Ich bin da!*

(Gefunden in: Freiburger Materialdienst für die Gemeindepastoral 1/94, S. 114f)

Meditationsmusik mit Querflöte

Lied
König ist der Herr ... GL 275
oder: Wir glauben an den einen Gott ... GL 449
oder: Wir glauben an den einen Gott ... GL 467

3. WEIHRAUCH – SYMBOL FÜR UNSER GEBET

Im Buch der Psalmen heißt es: „Herr, ich rufe zu dir. Eile mir zu
Hilfe. Höre meine Stimme, wenn ich zu dir rufe. Wie ein Rauchopfer
steige mein Gebet vor dir auf!" (Ps 141,1.+ 2). Und im letzten Buch
der Bibel, in der Offenbarung des Johannes, dürfen wir einen Blick in
den Himmel werfen. Da heißt es in einer geheimnisvollen Symbolspra-
che: „Und ein anderer Engel kam und trat mit einer goldenen
Räucherpfanne an den Altar; ihm wurde viel Weihrauch gegeben, den
er auf dem goldenen Altar vor dem Thron verbrennen sollte, um so die
Gebete aller Heiligen – das heißt aller Christen – vor Gott zu bringen.
Aus der Hand des Engels stieg der Weihrauch mit den Gebeten der
Heiligen zu Gott empor" (Offb 8,3f).
Unsere Gebete steigen also wie Weihrauch zu Gott empor.
• Bete ich noch regelmäßig? Bete ich mit meinen Kindern – vor allem
in den kostbaren Augenblicken vor dem Zubettgehen? Glaube ich an

die Kraft des Gebetes, das von Gott gehört wird? Trage ich auch meinen Frust, meinen Zweifel, meine Enttäuschungen in das Gespräch mit Gott? Kann ich Ihm zuhören? Denke ich beim Gebet nur an mich und meine Familie?

Wir beten (oder singen) gemeinsam
Ich steh vor dir mit leeren Händen, Herr ... GL 621, 1.–3. Str.: Da betet ein verwundeter Mensch, der seine Hoffnung auf Gott setzt.

4. WEIHRAUCHKÖRNER – VERKRUSTETE WUNDEN, DIE EINE GLÜHENDE KOHLE (= GÖTTLICHE LIEBE) ZU VERWANDELN VERMAG

Wir nehmen noch einmal einige Weihrauchkörner aus dem Tütchen und betrachten sie.

Das Harz, aus dem diese Weihrauchkörner gewonnen werden, fließt größtenteils aus den Wunden der Bäume. Dieser Lebenssaft wird dann hart, um die Wunde zu schützen, auch vor Ungeziefer. Weihrauchkörner stammen also meistens aus hart gewordenen Wunden.

Auch unsere Erfahrung ist, daß Verletzungen, Wunden und Schuld hart und unnachgiebig machen können. Aber das muß nicht so bleiben. Die glühende Kohle, Symbol für das Feuer Gottes, kann all das Erfahrene wieder flüssig machen, kann es sogar verwandeln in wohlriechenden Duft! Die Verhärtungen und Verwundungen unseres Lebens können zum Segen werden, wenn wir uns ganz auf Gott einlassen.

Es kann sehr schmerzlich sein, unseren Neid und unser Beleidigtsein ihm abzugeben, auch unsere Verbitterung, unsere Minderwertigkeitsgefühle, unsere Zerrissenheit, unsere Süchte und Ängste, die zu Krankheiten führen. Es ist oft ein weiter Weg, davon loszukommen, wenn unser Vertrauen auf Gott geschwunden ist. Darum hören wir zunächst von einer internationalen Tagung zum Thema „Tod und Sterben":

1. Spr.: Wir waren eine bunte Gruppe von achtzig Männern und Frauen aus dem deutschsprachigen Raum. Viele waren unheilbar krank, manche schon dem Tode nahe, andere hatten einen nahen Angehörigen verloren, zumeist ein Kind; etliche gehörten zu den sogenannten „helfenden Berufen". Die meisten – so auch ich – waren gekommen, um diese „Frau mit Namen", die Ärztin Elisabeth Kübler-Ross, zu hören, Neues zu erfahren und zu lernen. Als sie in den Raum kam, waren ihre ersten Worte: „Rückt zusammen! Ich bin Elisabeth; wer zu mir Frau Dr. Kübler-Ross sagt, zahlt zehn Mark ..."

2. Spr.: Zwei Tage, vom Morgen bis weit nach Mitternacht, saß „Elisabeth" neben einer Matratze, an der alle nacheinander ihre Tränen, ihren Lebensschmerz und ihren Lebenszorn mit einem kurzen Stück Gummischlauch auf ein altes Telefonbuch prügelten. – Klein und unscheinbar, in Jeans und grauen Wollsocken, konzentriert und aufmerksam, behutsam sich selbst zurückhaltend, voll Liebe und Energie, half diese kleine Frau, die Mutter Teresa als ihre Freundin bezeichnet, uns allen beim „Loslassen".

1. Spr.: Nicht nur die Sterbenden und Trauernden, auch die Ärzte, Therapeuten oder Theologen schrien und weinten sich frei von ihren Verwundungen.

2. Spr.: Noch mehr als „Elisabeth" waren die Sterbenden unsere Lehrer. Eine Frau, die inzwischen gestorben ist, schrieb mir: „Mein Schmerz war ohne Boden. Aber daß mir erlaubt war, vor Euch allen meine so lange nicht geweinten Tränen zu weinen, das Zusammengehören und die Liebe haben mich sehr frei gemacht.
Ich liebe Euch alle ..."

(Thomas Schwaiger, Die Muschel am Ohr, Lebenserfahrungen – Glaubenserfahrungen, Don Bosco Verlag 1987, S. 73. Rechte beim Autor)

Gl: Manchmal ist es ein weiter Weg, mit seinen Schicksalsschlägen, Ängsten und Süchten fertig zu werden. Uns Christen ist ein anderer Weg gewiesen: Unsere Verwundungen Gott offenlegen! Auch das ist, wenn es ehrlich und gründlich geschieht, ein schmerzlicher Weg. Aber er öffnet uns gleichzeitig für die heilende und verwandelnde Kraft der Liebe Gottes, die sich uns in den glühenden Kohlen anbietet.
Wir wollen nun – wie am Karfreitag bei der Kreuzverehrung – nach vorne kommen *(die große Schale mit den vielen glühenden Kohlen wird vor die Stufen des Altares getragen)*, und ich darf darum bitten, unser Versteckspiel, viele Verwundungen nicht zu zeigen, im Angesicht Gottes aufzugeben. Wir legen einen Teil unserer Weihrauchkörner hier vorne auf die glühenden Kohlen. Auf dem Weg dahin legen wir über unsere Gedanken und über die Luftbrücke Christus alles, was uns bedrückt und lähmt, in diese Körner. Ich muß nicht alles

selbst aufarbeiten bis auf den Grund: Ich kann Gott meine Verletzungen abgeben, dann verwandelt sich meine Vergangenheit in neues Leben, in eine „felix culpa", eine glückliche Schuld, die das Exsultet an Ostern besingt. Kommen Sie! Ich kann darauf vertrauen, daß Gott mein Grab verwandelt; daß Gott auch das Tote und Starre erwecken wird, das Abgewürgte und Getötete, das Gekreuzigte und Verhinderte.
(Während alle nach vorne kommen und einen Teil ihrer Weihrauchkörner auf die glühende Kohle legen, zunächst leise Orgelmusik, über die Gl sehr meditativ spricht:)

Gott, ich bringe dir meine wunden Punkte:
mein Selbstmitleid – meine Resignation –
meine Begegnungen, die ich noch nicht verkraftet habe –
die leere Routine in unserer Familie –
das mangelnde Klima der Versöhnung in unserer Verwandtschaft –
die nicht gelebte Verantwortung für die Schöpfung –
die Benachteiligten und Schwachen in unserer Gesellschaft.
Herr, sprich du das Wort, das heilt und befreit –
das stärkt und tröstet – das mich neu leben läßt.

(Teilweise nach „Durch seine Wunden seid ihr geheilt", Bußgottesdienst in der österlichen Zeit, Freiburger Materialdienst für die Gemeindepastoral 1/94, S. 108–115, Postfach 449, 79004 Freiburg)

Orgelmusik

(Wenn alle zurück sind:)
Lied
Was du, o Herr, erduldet ... GL 179, 4. + 5. Strophe
oder: Zünd an in uns des Lichtes Schein ... GL 245, 4. + 5. Strophe

5. WIR SIND CHRISTI WOHLGERUCH!
Noch eine Stelle aus der Hl. Schrift. Im 2. Korintherbrief heißt es: „Gott führt uns im Siegeszug Christi mit und verbreitet durch uns den Duft der Erkenntnis an allen Orten. Wir sind Christi Wohlgeruch, ... Lebensduft, der Leben verheißt" (2 Kor 2,14ff).
Wir sind Christi Wohlgeruch – er braucht uns heute, um in der Öffentlichkeit sichtbar und wahrnehmbar zu werden. So wie sich eben jeder beim Gang nach vorne eingebracht hat, damit hier das möglich wurde, was wir gesehen und mit vielen Sinnen aufgenommen haben, gilt das auch im Alltag draußen:

- Erzähle ich von meinen Glaubenserfahrungen, oder halte ich sie als meine Privatsache unter Verschluß? Gebe ich mein „Körnchen" Glaube, Einsatz und Wahrheit in die Gesellschaft, auch meine Hoffnung, meine Dienstbereitschaft und Leiderfahrung? Wollen wir uns nicht den Mund verbrennen in den Gesprächen auf Partys und am Arbeitsplatz, in der Verwandtschaft und Nachbarschaft und lassen so nichts vom Christlichen spüren, das uns trägt? Suche ich regelmäßig die Gemeinschaft im Gottesdienst, damit hier Gefühle des Miteinanders und des gemeinsamen Unterwegsseins spürbar werden können?

Schuldbekenntnis

Wir stellen uns vor Gott hin und bekennen, die wir hinter unseren Möglichkeiten geblieben sind, unsere Schuld: Ich bekenne ... Vergebungsbitte.

Segen

Entlassung

Nehmen Sie die restlichen Weihrauchkörner mit nach Hause. Wenn Sie dort einmal ein „Rauchopfer" bringen, dann erinnern Sie sich bitte an den einen oder anderen Gedanken aus dieser Bußfeier.

Danklied

Nun danket alle Gott ... GL 266
oder: Nun danket all und bringet Ehr ... GL 267

Anmerkung

Kürzlich gab es Angriffe gegen den liturgischen Gebrauch von Weihrauch wegen seiner angeblichen Drogenwirkung; das wurde widerlegt mit Hinweis auf die Winzigkeit der Dosis. Nun kommen medizinische Hinweise auf positive Wirkungen: Weihrauchduft hilft gegen depressive Stimmung und gegen Entzündungen der Stimmbänder. Weihrauch wirkt zudem desinfizierend; das wußten schon immer die Verantwortlichen in dem Wallfahrtsort Santiago de Compostela mit seinen Riesenrauchfässern, die für „reine" Luft in dem von Pilgern überfüllten Raum sorgten. Des weiteren werden gute Erfahrungen bei Gelenkentzündungen, Rheuma und Arthritis gemacht. So zeigt sich das alte liturgische Symbol nicht nur als „heilig", sondern auch als „heilsam".
(Nach Franz Kohlschein in „gottesdienst" 2/95, S. 16)

25 Vom Brot, das leben läßt

(Bußfeier mit einem Brötchen, in das zwei Schriftstellen eingebacken sind)

Hinweis
Bitte auswählen! Es kann genügen, aus den zwei Hauptblöcken je zwei Punkte herauszugreifen, wobei von II., der dritte Punkt berücksichtigt werden muß.

Vorbereitung
Für die Hälfte der zu erwartenden BesucherInnen werden kleine (Vollwert-)Brötchen gebacken. In jedem stecken zwei verschiedene Zettelchen mit Bibelstellen. (Dazu folgende Anleitung: Das Papierröllchen mit der Bibelstelle auf Backpapier heften, das etwa 1 cm länger ist, und beide zur kürzeren Seite hin einrollen. Zwei Röllchen in eine Teigplatte von 5–6 cm eindrücken [so daß sich in jeder Brötchenhälfte ein Röllchen befindet] und mit einer zweiten Teigplatte zudecken. Die Mitte durch einen Längsschnitt markieren, beide Teigplatten zum Brötchen zusammenformen und backen. Direkt nach dem Backen einfrieren und zehn Stunden vor der Bußfeier langsam auftauen lassen. – Teig eventuell vom Bäcker herstellen lassen.)
Die Brötchen werden erst kurz vor Beginn, weil dann Paare überblickbar sind, mit einer Serviette jedem zweiten Besucher in die Hand gegeben.

Lied
O Heiland, reiß die Himmel auf ... GL 105, 1.–3. Str.

Persönliche Begrüßung
Jeder zweite von Ihnen hat ein kleines Brötchen erhalten, in dem ein Geheimnis schlummert. Legen Sie es bitte mit der Serviette so auf die Bank zwischen sich und Ihren Nachbarn, daß Sie beide es gut sehen können. Es soll uns bei der Gewissenserforschung helfen.

Hinführung
Siehe Anhang 1, Nr. 2, 19, 29, 36, 44, 58, 60, 72.

Gebet

Guter Gott. Im Zeichen des Brotes haben wir uns zusammengefunden. Ohne Brot können wir nicht leben – aber der Mensch lebt nicht vom Brot allein. Sende uns jetzt deinen Heiligen Geist, damit er uns hilft, klar zu erkennen, was wir falsch machen, und aufzuspüren, was uns zum Heile dient – was uns heilen kann. Darum bitten wir durch Christus, unseren Herrn.

GEWISSENSERFORSCHUNG – MEDITATION
(Bitte auswählen und mit Liedern unterbrechen)

I. AN WAS UNS BROT ERINNERN KANN
Wir betrachten das kleine Brot:

1. NOCH STAUNEN KÖNNEN
Dieses Brötchen ist aus vielen Samenkörnern entstanden. So ein einzelnes Korn ist hochexplosiv! Aus ihm wächst der Riesenturm einer Ähre. Stellen wir uns vor – um uns dieses Wunder deutlicher vor Augen zu führen –, beim Kölner Dom fiele aus dem Turm ein Stein, und aus diesem würde gleich nebenan ein neuer Turm wachsen!
(Nach Wilhelm Willms)

• Sehe ich noch diese Wunder am Wege, oder halte ich zu sehr Ausschau nach Anreizen, von denen ich mehr „wirkliches" Leben erwarte? Spreche ich noch das „Danke" aus, wenn ich nach einer Schnitte Brot greife – von der andere nur träumen können, die sie anbeten möchten vor lauter Hunger? Würde ich ein Stück weggeworfenes Brot vom Bürgersteig aufheben – wie der Inder, der dazu sagte: „In meiner Heimat ist Brot heilig!"? (Vgl. Kurzgeschichten 3", Nr. 61) – Stört mich bei einer Hochzeit das Werfen von Reiskörnern, die anschließend ja weggekehrt werden?

Stille

2. SICH HERAUSFORDERN LASSEN
Ein Landwirt sät das Wintergetreide schon im Herbst, damit Schnee und Frost die Körner abhärten: Dadurch bringen sie kräftigere Frucht. Selbst bei der Saat im Frühjahr wird das Saatgut vorher einem künstlichen Kälteschock ausgesetzt, damit es alles hergeben kann.
• Gehöre ich zu denen, die schon über Streß klagen, noch bevor Arbeit und Schule morgens beginnen? Wie oft sage ich „Keine Lust"? Finde

ich den Mut, mich meinen Kindern gegenüber unsympathisch zu machen, weil ich klare Grenzen aufzeige und zu manchen Wünschen und Begierden „nein" sage? Sage ich auch „ja" zu Schwerem, was mir Gott und die Welt in den Weg legen?

Stille

3. GEDULDIG SEIN

Einen wachsenden Halm muß ich in Ruhe lassen. Wenn ich sein Wachsen durch leichtes Zupfen beschleunigen will, behindere, störe oder zerstöre ich ihn.
• Kann ich warten? Habe ich Geduld mit mir selbst – und mit anderen? Wie gehe ich mit „Spätzündern" um? Fordere ich zuviel von mir selbst und von anderen? –

Stille

Lied: Maria durch ein Dornwald ging ...
(Sie wartete „sieben" Jahre, daß aus Dornen Rosen wuchsen.)

4. BEREIT SEIN, MICH VERWANDELN ZU LASSEN

Manchmal wird uns als Kompliment gesagt: „Bleibe, wie du bist!" Aber wie oft verwandelt sich so ein Korn, bis es wirkliches Leben schenken kann? Das Korn gibt sich hin in Keim und Ähre – es wird gemahlen – braucht Zeit zum Gären – verwandelt sich in der Glut des Backofens zu Brot – wird geteilt – wird im eucharistischen Brot zu Christi Leib, der sich hingibt. So erst nährt es Leib und Seele.
• Bin ich lernbereit? Scheue ich Veränderungen? Gestehe ich mir und anderen Gärungszeiten zu? Nehme ich Kritik an mir und meinem Verhalten ernst, d.h., akzeptiere ich auch hartes, trockenes Brot, das mir von anderen gereicht wird? Auch das kann mich nähren! –
Verteile ich mich im Dienen und Helfen? Wieviel bedeutet mir das eucharistische Brot? –
So sagte ein Sterbender beim Empfang der hl. Kommunion: „Die ist mir jetzt ein Vermögen wert." Womit er ausdrücken wollte: Sie bedeutet mir jetzt alles. –
Bin ich auf dem Weg zu dieser Beurteilung – zu einem Brot, in dem der Himmel die Erde berührt?

Stille

Meditation

1. Spr.: Jesus: Du Brot gegen das Leid.
Wer davon ißt, verzagt nicht, sein Kreuz zu tragen.

2. Spr.: Jesus: Du Brot gegen den Stolz.
Wer davon ißt, will nicht herrschen, sondern dienen.

1. Spr.: Jesus: Du Brot gegen den Tod.
Wer davon ißt, wird nicht sterben in Ewigkeit.

2. Spr.: Jesus: Du Brot gegen die Angst.
Wer davon ißt, braucht sich nicht zu fürchten.

1. Spr.: Jesus: Du Brot gegen den Haß.
Wer davon ißt, reicht die Hand, um sich zu versöhnen.

(Nach Alois Albrecht)

2. Spr.: Ein Stück Brot in meiner Hand, mir gegeben:
daß ich lebe – daß ich liebe –
daß ich Speise bin für die anderen.

(Lothar Zenetti)

II. WIR LEBEN NICHT VOM BROT ALLEIN

Wir teilen jetzt das kleine Brot und geben die Hälfte unserem Nachbarn. Stellen wir uns dabei eventuell gegenseitig kurz vor (Name, Ort, Straße). Schauen wir uns um, ob auch niemand leer ausgegangen ist, sonst teilen wir mit ihm. Wir benutzen eine Hand als Teller, damit kein Krümelchen des kostbaren Brotes zu Boden fällt. Wenn wir ein Papierröllchen finden, legen wir es vor uns auf die Serviette. (Es müßte jeder in seiner Hälfte eins finden, sonst bitte wieder teilen.) Wir essen nun langsam und bewußt unsere Hälfte und hören dabei zu.

1. DAS BROT TEILEN, DAMIT ES NICHT ZU STEIN WIRD

Das Teilen des Brotes hilft unserer Welt beim Überleben. Noch ist die Erde reich genug, die vielen Milliarden Menschen zu ernähren. Nur müßte gerechter geteilt werden – sonst macht uns das Brot krank oder liegt uns irgendwann wie ein Stein im Magen. Was Teilen bewirken kann, zeigt uns eine einfache Geschichte:
Siehe „Kurzgeschichten 5", Nr. 61: „Geteiltes Brot" *(durch zwei SprecherInnen vortragen lassen).* Inhalt: Polizist Nr. 284 in dem explosiven Harlem teilt sein Brot mit dem farbigen Kind Jerry und verändert damit alles.

(Josef Reding)

Alternativen

„Kurzgeschichten 4", Nr. 71: „Nur ein Stück Brot". Inhalt: Ein halbes
Brot wandert in der schweren Notzeit nach dem Ersten Weltkrieg von
Familie zu Familie. –
„Kurzgeschichten 1", Nr. 63, „Die Brote von Stein" und „Kurzge-
schichten 5", Nr. 66, „Das Brot der Armen". Inhalt: Brot wird zu
Stein, wenn es nicht geteilt wird.
• Trage ich spürbar dazu bei, daß mehr Gerechtigkeit in der Welt
möglich wird? Resigniere ich angesichts der unübersehbaren Not?
Reichen meine Gründe, nicht zu helfen, aus – wenn auch ein wenig
Barmherzigkeit nur „einen Tropfen auf den heißen Stein" bedeutet?
Hat mich meine Spendenbereitschaft schon selbst große Einschrän-
kungen gekostet? –

Stille

Kanon: Danket, danket dem Herrn ... GL 283

2. BEDINGUNGEN ZUM MITEINANDER-ESSEN

Sie haben das Brot mit Ihrem Nachbarn, Ihrer Nachbarin, geteilt. Ist
es Ihnen schwergefallen, gerade mit diesem/dieser das Brot gebrochen
zu haben? Können wir uns vorstellen, daß wir einem bestimmten
Menschen nichts reichen würden? Warum nicht?
Wir schauen in die Tradition des Christentums und hören eine Be-
gebenheit aus dem Umfeld des heiligen Franziskus:
Siehe „Kurzgeschichten 4", Nr. 75: „Tischgemeinschaft sogar mit
Räubern" *(auf zwei SprecherInnen verteilt vorlesen lassen).* Inhalt:
Franziskus holt die Räuber an den Tisch der Brüder und teilt mit
ihnen das Essen. Nach einiger Zeit ändern einige ihr Leben.
Franziskus und seine Brüder hielten sich dabei an Jesu Vorbild: Er
brach beim Abendmahl das Brot mit dem Verleugner Petrus, mit den
Jüngern, die ihn bald im Stich lassen würden, und vor allem mit dem
Verräter Judas. Darum überliefert eine mittelalterliche Legende nicht
von ungefähr:
Beim ewigen Gastmahl im Himmel habe Jesus einen zusätzlichen
Stuhl an den Tisch gestellt und gewartet und gewartet. Bis endlich die
Tür aufging und – Judas hereinkam. Jesus stand auf und ging ihm
entgegen. Zum Erstaunen aller umarmte er ihn und sagte: „Komm,
mein Freund! Nimm Platz bei uns! Ich habe auf dich gewartet!"
Wir haben also kein Recht, Richter zu sein. Niemanden dürfen wir

ausschließen, weder wiederverheiratete Geschiedene noch Süchtige, aus der Kirche Ausgetretene oder Verfeindete! – Schauen Sie jetzt ruhig einmal rund. Ja, wagen Sie es! Alle glauben doch, im großen und ganzen richtig zu leben. Sie doch auch! Überlassen wir daher Gott das Urteil!

Es gibt also *eine* Bedingung, die ich erfüllen muß: Ich muß bereit sein zur Versöhnung. So steht es schon im Vaterunser: „... wie auch wir vergeben unseren Schuldnern!"

(Hier können viele biblische Stellen eingebracht werden, z. B. Mt 18,21–35: Von der Pflicht zur Vergebung wie auch das Gleichnis vom unbarmherzigen Gläubiger. Auch viele Kurzgeschichten umreißen diesen Tatbestand:

„Kurzgeschichten 2", Nr. 76: „Da kehrte ich an den Altar zurück";

„Kurzgeschichten 3", Nr. 62: „Das Zeichen der Versöhnung". Inhalt: Erst nach der Bereitschaft zur Versöhnung feiert der Priester Gottesdienst;

„Kurzgeschichten 4", Nr. 74: „Die Zwillingsbrote";

etwas länger die Geschichte „Brot in deiner Hand" von Heinrich A. Mertens in meinen „Kommuniongeschichten", S. 31–33).

Lied

Brot, das die Hoffnung nährt (siehe „Troubadour" Nr. 147)

3. WIR LEBEN NICHT VOM BROT ALLEIN ...

„Wir leben nicht vom Brot allein, sondern von jedem Wort, das aus dem Munde Gottes kommt." Ich darf Sie bitten, jetzt das Papierröllchen (auf der Serviette) zu öffnen. Sie haben das große Los gewonnen! Sie finden eine Bibelstelle darin, die Sie zunächst einmal für sich selber lesen. Während Sie das Papierröllchen mit der Bibelstelle entrollen, darf ich Sie an die Begebenheit erinnern, in der bei einer Christenverfolgung die Geheimpolizei auch alle Bibeln beschlagnahmen wollte. Eine Frau war gerade dabei, Brot zu backen, als sie zwei Fahnder kommen sah. Geistesgegenwärtig legte sie die Bibel in den ausgerollten Brotteig und schob das Ganze in den Ofen. Nachdem die Männer ergebnislos abgezogen waren, kam das Brot am nächsten Tag auf den Tisch, darin die unversehrte Bibel. Jeder in der Familie begriff: Die Bibel ist Brot zum Leben mit Gott; Gottes Wort lindert, ja stillt die inneren Hungersnöte. Darum ist es so wichtig für die Seele wie Brot für den Leib.

Ich bitte Sie, jetzt laut und vernehmlich das Bibelwort vorzulesen, das

Sie im Brot gefunden haben, *wenn* Sie das möchten. Wir versteckten rund dreißig verschiedene Bibelstellen. Ihr Vers oder ein Teil davon darf auch ruhig öfter genannt werden; dann erhält diese Stelle eine Gewichtung. Es wäre auch schön, wenn Sie immer ca. fünf Sekunden Stille zwischen den einzelnen laut genannten Stellen lassen, damit sie tiefer in unsere Seelen fallen können. Wir lassen uns jetzt Zeit! –

Folgende Bibelstellen hatten wir eingebacken:

Allen, die gerecht handeln, hilf aus Barmherzigkeit mit dem, was du hast. Sei nicht kleinlich, wenn du Gutes tust.
(Tob 4,7a)

Wende deinen Blick niemals ab, wenn du einen Armen siehst; dann wird auch Gott seinen Blick nicht von dir abwenden.
(Tob 4,7b)

Hast du viel, so gib reichlich von dem, was du besitzt; hast du wenig, dann zögere nicht, auch mit dem Wenigen Gutes zu tun. (Tob 4,8)

Selig, die sich arm fühlen vor Gott, denn ihnen gehört das Himmelreich. (Mt 5,3)

Euer Ja sei ein Ja, euer Nein ein Nein; alles andere stammt vom Bösen. (Mt 5,37)

Selig, die Frieden stiften, denn sie werden Töchter und Söhne Gottes genannt werden.
(Mt 5,9)

Ich aber sage euch: Liebt eure Feinde und betet für die, die euch verfolgen, damit ihr Söhne und Töchter eures Vaters im Himmel werdet; denn er läßt seine Sonne aufgehen über Bösen und Guten, und er läßt regnen über Gerechte und Ungerechte. (Mt 5,44.45)

Wenn du deine Opfergabe zum Altar bringst und dir dabei einfällt, daß dein Bruder oder deine Schwester etwas gegen dich hat, so laß deine Gabe dort vor dem Altar liegen; geh und versöhne dich zuerst mit deinem Bruder oder deiner Schwester; dann komm und opfere deine Gabe. (Mt 5,24)

Wenn ihr nur die liebt, die euch lieben, welchen Lohn könnt ihr dafür erwarten? Tun das nicht auch die Sünder? (Mt 5,46)

So sollt ihr beten: Vater im Himmel. Erlaß uns unsere Schulden, wie auch wir sie unseren Schuldnern erlassen haben. (Mt 6,12)

Sammelt euch nicht Schätze hier auf der Erde, wo Motte und Wurm sie zerstören und wo Diebe einbrechen und sie stehlen, sondern sammelt euch Schätze im Himmel. (Mt 6,19.20)

Warum siehst du den Splitter im Auge deines Bruders oder deiner Schwester, aber den Balken in deinem Auge bemerkst du nicht? (Mt 7,3)

Da trat Petrus zu Jesus und fragte: „Herr, wie oft muß ich meinem Bruder vergeben, wenn er sich gegen mich versündigt? Siebenmal?" Jesus sagte zu ihm: „Nicht siebenmal, sondern siebenundsiebzigmal." (Mt 18,21.22)

Selig die Barmherzigen, denn sie werden Erbarmen finden. (Mt 5,7)

Wenn ihr den Menschen ihre Verfehlungen vergebt, dann wird euer himmlischer Vater auch euch vergeben. (Mt 6,14)

Wo dein Schatz ist, da ist auch dein Herz. (Mt 6,21)

Richtet nicht, damit ihr nicht gerichtet werdet! Denn wie ihr richtet, so werdet ihr gerichtet werden. (Mt 7,1.2a)

Nach dem Maß, mit dem ihr meßt und zuteilt, wird euch zugeteilt werden. (Mt 7,2b)

Lernt, was es heißt: Barmherzigkeit will ich, nicht Opfer. Denn ich bin gekommen, um die Sünder zu rufen, nicht die Gerechten. (Mt 9,13)

Alles, was ihr von anderen erwartet, das tut auch ihnen! (Mt 7,12)

Ihr könnt nicht beiden dienen,
Gott und dem Mammon.
(Mt 6,24b)

Gott hat seinen Sohn nicht in
die Welt gesandt, damit er die
Welt richtet, sondern damit die
Welt durch ihn gerettet wird.
(Joh 3,17)

Seid gütig zueinander; seid
barmherzig; vergebt einander,
weil auch Gott euch durch
Christus vergeben hat.
(Eph 4,32)

Ihr seid von Gott geliebt.
Darum bekleidet euch mit
aufrichtigem Erbarmen, mit
Güte, Demut, Milde, Geduld!
(Kol 3,12)

Wenn das Herz uns auch
verurteilt – Gott ist größer als
unser Herz, und er weiß alles.
(1 Joh 3,20)

Legt die Lüge ab und redet
untereinander die Wahrheit;
denn wir sind als Glieder
miteinander verbunden.
(Eph 4,25)

Wie der Herr euch vergeben
hat, so vergebt auch ihr!
(Kol 3,13b)

Über eure Lippen komme kein
böses Wort, sondern nur ein
gutes, das den, der es braucht,
stärkt, und dem, der es hört,
Nutzen bringt. (Eph 4,29)

Ertragt euch gegenseitig, und
vergebt einander, wenn einer
dem anderen etwas vorzuwer-
fen hat. (Kol 3,13a)

Wenn du ein Almosen gibst, soll
deine linke Hand nicht wissen,
was deine rechte tut. (Mt 6,3)

Seid barmherzig, wie es auch
euer Vater ist! (Lk 6,36)

Meditationsmusik

• Haben wir gespürt, wie das Wort Gottes Brot für unsere Seele war?
Wie es das Herz öffnet und ausrichtet? Steht die Bibel bei uns
verstaubt im Regal? Der Mensch lebt nicht vom Brot allein!

Stille

Meditation

1. Spr.: Es gibt Menschen, die die Bibel nicht brauchen.
Ich gehöre nicht zu ihnen. Ich habe die Bibel nötig.

2. Spr.: Ich brauche die Worte Gottes,
um zu verstehen, woher ich komme.
Ich brauche sie, um in dieser Welt einen festen Boden
unter den Füßen und einen Halt zu haben.

1. Spr.: Ich brauche die Gute Nachricht von Gott,
um zu wissen, daß einer über mir ist
und mir etwas zu sagen hat.

2. Spr.: Ich brauche die Bibel, weil ich gemerkt habe,
daß wir Menschen in den entscheidenden Augenblicken
füreinander keinen Trost haben
und daß auch mein eigenes Herz nur dort Trost findet.

1. Spr.: Ich brauche die Frohe Botschaft von Gott und Jesus,
um zu wissen, wohin die Reise mit mir gehen soll.

(Nach Jörg Zink)

Schuldbekenntnis – Vergebungsbitte

Aktion

Vielleicht war es kein Zufall, daß Sie gerade dieses Bibelwort gefunden
haben. Geben Sie ihm einen gebührenden Platz in Ihrem Hause,
besser: in Ihrem Herzen.
Wenn noch Brötchen übrig sind, können sie Kranken oder Angehörigen mitgenommen werden – mit der Bitte, das Wesentliche dieser
Bußfeier weiterzusagen.

Segen

Schlußlied
Macht hoch die Tür ... GL 107

V. Anhang

ANHANG 1

Hinführung (Bußakt)

Vorbemerkungen
*a) Die Texte sind auf ein Minimum gebracht, um einer Wortüber-
flutung zu entgehen. Entscheidend ist jetzt aber immer noch, daß
der Vorbeter zwischendurch die Stille sprechen läßt.*
*b) Wenn Sie diese Texte in der Messe als Hinführung zum Bußakt
verwenden wollen oder als Denkanstöße zur Besinnung, kann der
Priester nach den Impulsen fortfahren:*
*So laßt uns Christus um sein Erbarmen anrufen: Herr, erbarme
dich ...*

1. Es gibt ein Gesetz im Leben: Wenn sich eine Tür vor uns
   verschließt, öffnet sich dafür eine andere. Die Tragik ist jedoch
   die, immer nur nach der verschlossenen Tür zu blicken und die
   geöffnete nicht zu beachten.
   Wir sind hier, um uns daran zu erinnern, daß Gott seine Türen
   immer offenhält. Auf ihn schauen wir jetzt und rufen ...

2. Gottes Wort knüpft ein Netz um die Welt.
   Gottes Wort will uns einfangen.
   Gottes Wort will uns auffangen.
   Auch das Netz der Kirche will letztlich mich halten ...

3. Es ist gut, daß uns nicht alles gelingt.
   Wir könnten leicht überheblich werden.
   Es ist gut, daß nicht immer unser Wille geschieht.
   Wir beten doch oft genug: *Dein* Wille geschehe!
   Es ist gut, daß uns hin und wieder auch Negatives widerfährt.
   Gott weiß, wozu es gut ist ...

4. Die Menschen haben Gott vergessen, sagt Alexander Solschenizyn:
   Das ist der Hauptgrund für die Probleme der heutigen Menschen.
   Wir werden keine Lösungen finden ohne die Umkehr des Men-
   schen zum Schöpfer aller Dinge ...

5. In einer Grundschule werden Kinder gefragt: „Wie ist das, wenn

Gott bei uns ist?" Da zeigt der kleine Thomas auf und sagt: „Wenn
Gott bei dir ist, dann kannst du alles riskieren!"
Ja, mit Gott können wir Berge versetzen ...

6. Das Leben gleicht dem Weg in einem Labyrinth.
   Es ist ein Suchweg der Liebe, die an ihr Ziel glaubt.
   Wenn wir uns dabei auf Gott verlassen,
   gelangen wir mit der inneren Gewißheit,
   wie sie Zugvögel haben,
   an den Ort, wo die Mitte zu finden ist ...

7. Drei Zeitgenossen – selten im Gottesdienst – haben ihre Gründe:
   Ich mag das Gesinge nicht, sagt der erste.
   Ich mag das Gerede nicht, sagt der zweite.
   Ich mag das Getue nicht, sagt der dritte.
   Die Kirche wird gut daran tun, sich etwas einfallen zu lassen.
   Vielleicht so etwas wie Minigolf? –
   Nein – wir sind hier an der Quelle ...

8. Mit neuen und alten Bildern möchte ich dich einkreisen, Gott.
   Doch du bist anders: Immer entkommst du!
   Mit lauter Stimme oder leise flüsternd gebe ich dir Namen:
   Vater, Gott ... Doch namenlos umschließt du alles!
   An deiner Größe zerschellen alle Versuche. Und doch:
   Jede Scherbe davon liegt geborgen in deiner Hand ...

9. Unsere Seele ist unendlich groß
   und kann durch nichts gefüllt werden als mit Gott. –
   Unruhig ist unser Herz, bis es ruht in Gott. –
   Wer Gott aufgibt, löscht die Sonne in sich aus,
   um mit einer Laterne weiterzuwandern. –
   Wir rufen zum Geber alle Gaben ...

10. Ohne Gott bin ich wie ein Fisch auf dem Strand,
    wie ein Tropfen Wasser in der Glut,
    wie ein Grashalm im Sand,
    wie ein Vogel mit einem Flügel.
    Doch wenn Gott mich beim Namen ruft,
    bin ich Wasser, Feuer, Erde, Luft ...

11. Manchmal brauchen wir das Schweigen,
    um das rechte Wort zu finden.
    Manchmal suchen wir das Dunkel,

um das Licht zu ertragen.
Manchmal hilft uns die Leere,
um in ihr Gott zu finden ...

12. „O Herr", sprach der Vitaminstoß, „ich kann keine Wunder wirken, auch wenn es oft von mir erwartet wird. Bei ausgelaugten Seelen, Herr, hilft nur ein Vitaminstoß von *dir.*"
Und wirklich: Zu denen, die am Ende sind, sagst du: „Meine Kraft ist in den Schwachen mächtig!" Und dieses Rezept ist gebührenfrei! ...

13. Beim Verlassen des Hauses fühlen viele nach ihren drei Götzen, ob sie sie dabei haben: Geldbörse, Terminkalender und Autoschlüssel. Warum beginnen wir als Christen nicht den Morgen im Namen des *drei*faltigen Gottes?

14. Wir dürfen glauben, daß Gott uns in jeder Notlage so viel Widerstandskraft geben will, wie wir brauchen. Aber er gibt sie nicht im voraus, damit wir uns nicht auf uns selbst, sondern uns allein auf ihn verlassen.

15. Wir dürfen glauben, daß Gott aus allem, auch aus dem Bösesten, Gutes entstehen lassen kann und will. Aber dafür braucht er Menschen, die sich alle Dinge zum besten dienen lassen ...

16. Im Sacro-Pop-Musical „Goldspell" heißt es:
Tag für Tag bitte ich um drei Dinge, Herr:
Dich deutlicher zu sehen,
dich inniger zu lieben,
dir aufrichtiger zu folgen ...

17. Eine Kirche, die nichts riskiert, riskiert am Ende alles!
Eine Kirche, die nicht dient, dient zu nichts mehr. –
Wenn sie vollkommen wäre, diese Kirche, müßte ich sie fürchten;
unvollkommen aber, wie sie ist, kann ich sie lieben.
Wir sind ein Teil davon – ebenso unvollkommen ...

18. Gott ist wie ein Fels, auf dem ich stehen kann.
Gott ist wie ein Stab, an dem ich gehen kann.
Gott ist wie ein Quell, an dem ich mich laben kann.
Alles, Herr, bist du ...

19. Ich bin das Licht, spricht der Herr,
aber ihr habt euch mit Funzeln begnügt.

Ich bin die Tür, spricht der Herr,
aber ihr wolltet nicht eintreten.
Ich bin das Brot, spricht der Herr,
aber ihr hattet keinen Hunger ...

20. Manchmal durchkreuzt Gott unsere Laufbahn.
Er sucht uns heim auf offener Straße.
Er zeigt uns den unteren Weg.
Aber er geht mit uns hinauf nach Golgota ...

21. Herr, du machst ein Fragezeichen
hinter jedes Ausrufezeichen.
Du kennst kein Komma, nur den Gedankenstrich.
Du schreibst sogar auf krummen Zeilen gerade ...

22. Herr, du läßt uns manchmal straucheln,
damit wir die Gestrauchelten nicht übergehen.
Du bringst uns manchmal zu Fall,
damit wir nicht auf die Gefallenen herabschauen.
Du zwingst uns manchmal in die Knie,
damit wir das Leben auch von unten sehen
und zu dir aufschauen ...

23. Gott ist der Grund dafür, daß ich Vertrauen haben darf,
obwohl ich mir manchmal selbst nicht trauen kann.
Gott ist der Garant dafür, daß er das „Mehr" ist,
das ich selbst nicht zu leisten vermag.
Gott ist der Rückhalt dafür,
daß ich mein Leben ertragen kann
und es bisweilen sogar gelingt.

24. Das Wort „Gott" hört sich zunächst kalt, fern und fremd an. Aber
dieses Wort ist der Name dafür, daß das „Ja" vor dem „Nein" in
der Welt ist und dieses „Ja" mächtiger ist als alles „Nein".
Dabei kommt es auch auf mich an, wie sich die Welt verändert:
Indem ich das „Ja" immer mehr in mir zulasse.

25. Das kann uns auch der Glaube an Gott schenken:
Einen Blick über den Horizont dieser Welt hinaus,
den positiven Blick für alles
und die Freude des Herzens.
Wer glaubt, kann immer optimistisch sein,
weil er sich von Gott gehalten weiß.

26. Geliebt bist du dort, wo du dich schwach zeigen kannst,
und doch angenommen bist.
Hier sind wir geliebt, weil wir uns schwach zeigen dürfen
und doch angenommen sind.

27. Auf einem Wegkreuz (in Nesselwang/Allgäu) steht:
Was will ein Kreuz, das am Wege steht?
Es will dem Wanderer, der vorübergeht,
das große Wort des Trostes sagen:
Der Herr hat für dich sein Kreuz getragen. –
Es will ihm das Wort der Wahrheit sagen:
Du sollst ihm dein Kreuz nachtragen. –
Es will ihm das Wort der Weisheit sagen:
Dein Kreuz wird dich zum Himmel tragen ...

28. Das Evangelium ist kein Kaufhauskatalog zum Aussuchen. Solange uns dieses Wort Gottes nur Bildungsliteratur bleibt, können wir darin nicht die Kraft Gottes erfahren. Wir überzeugen nur, wenn wir es in uns aufnehmen und bezeugen.

29. Manchmal bedrängen uns zu viele Gedanken,
und wir brauchen diesen Ort der Stille, um klarer zu sehen.
Manchmal ersticken wir im Berg von Arbeit
und brauchen die Minuten hier, um neue Kraft zu finden.
Manchmal verliere ich das Vertrauen durch die vielen Begegnungen und brauche hier die Kraft ‚von oben‘,
um wieder glauben zu können gegen alle Zweifel.

30. Vernünftig will ich sein und kritisch –
und in allem glauben, daß du mich trägst.
Handeln will ich und vorwärts drängen –
und in allem glauben, daß du mich lenkst.
Empfangen will ich und mich führen lassen –
und in allem glauben, daß du mich umfängst.

31. Die Religion ist in erster Linie wie eine geöffnete Hand, die eine Gabe entgegennimmt. Erst in zweiter Linie ist sie eine tätige Hand, die das Empfangene austeilt. Es kommt jetzt also zunächst darauf an, etwas von Gott anzunehmen, *dann* erst darf ich darangehen, das Zeitliche zu verändern.

32. Statt mit Vertrauen und Glauben demütig das Gespräch mit Gott zu suchen, wollen manche bis ins letzte Bescheid wissen und

überzeugt werden. Dürfen wir von daher nicht den Teufel als den Engel betrachten, der *zuviel* gedacht hat? ...

33. Auch wenn wir immer wieder unsere Grundsätze und Vorsätze vergessen und in alte Gewohnheiten zurückfallen, dürfen wir trotzdem nach jedem Scheitern mit Petrus sprechen: „Herr, du weißt alles, du weißt auch, daß ich dich liebe!" ...

34. Wir sind hier, um unser Vertrauen auf Gott und die Menschen zu stärken. Was Vertrauen ist?
Im Schnee an die Kraft der Krokusse glauben! –
Unter alter Haut den neuen Menschen wachsen lassen! –
Im Fallen auf Gottes große Hände hoffen ...

35. Es gibt zwei Tragödien im Leben des Menschen:
Das zu bekommen, was man will.
Und das nicht zu bekommen, was man will. –
Wer rechtzeitig losläßt, gewinnt dagegen Freiheit.
Denn Vertrauen ist wichtiger als Leistung ...

36. Wir haben gezweifelt,
als wir hätten vertrauen können auf Gottes Wort.
Wir waren verzagt,
als wir hätten froh sein können über Gottes Wort.
Wir waren satt,
als wir hätten begierig sein können nach Gottes Wort ...

37. Alles im Leben ist Verwandlung:
von der Raupe zum Schmetterling,
vom Samenkorn zur Weizenähre,
vom Wassertropfen zur Wolke.
Alles ändert seine Gestalt
und bleibt doch seinem Wesen treu.
Nur wir halten an uns selber fest,
wollen uns nicht ändern und nicht öffnen
und das Wunder geschehen lassen,
durch den, der uns verwandeln will ...

38. Einmal wurden die Engel gefragt, warum sie fliegen könnten. Und die sagten schmunzelnd: „Wir nehmen uns leicht. Und wir wissen, es trägt uns einer!" –
Wir sind hier, um uns nicht so wichtig zu nehmen und uns ein Stückchen tragen zu lassen ...

39. Der französische Mathematiker und Philosoph Blaise Pascal
    (1623–1662) hat einmal gebetet:
    „Herr, ich bitte dich nicht um Gesundheit,
    nicht um Leben und nicht um Tod. Aber ich bitte dich:
    Nimm meine Gesundheit, mein Leben
    und meinen Tod in deine Hand!" ...

40. Heute himmelhochjauchzend – morgen zu Tode betrübt.
    Heute strahlend und geliebt –
    morgen in der eisigen Gletscherspalte der Enttäuschungen.
    Heute vertrauend auf Gott geborgen –
    morgen verunsichert im Nebel der Zweifel ...

41. Jetzt wider die Wasser der Argwohn – Vertrauen setzen.
    Jetzt wider die Wogen der Wut – Gelassenheit stellen.
    Jetzt wider die Fluten der Angst – Mut schöpfen ...

42. Das Gebet hat große Macht, schrieb die heilige Mechthild von
    Magdeburg: „Es zieht den großen Gott in ein kleines Herz. Es füllt
    die hungrige Seele mit der Kraft von oben."
    Wir sind hier, damit unser blindes Herz sehender wird, unsere
    erkaltete Seele brennender und unser oft so törichtes Herz weiser.

43. Der große Mahatma Gandhi sagte einmal:
    „Meine Religion lehrt mich, daß ich immer dann, wenn ich eine
    Notlage nicht beheben kann, faste und bete."
    Wir sind auch hier, um zu beten und zu bitten, daß die Not in der
    Welt geringer wird ...

44. Die Worte Gottes, die wir hier hören können,
    sind manchmal wie Hände,
    die mich liebevoll umarmen und führen,
    manchmal wie Schwerter, die tief eindringen in mein Innerstes,
    manchmal wie Netze, die mich aus dem Wasser ziehen ...

45. Manchmal hören Menschen auf zu streiten und vertragen sich
    wieder: Ein Stückchen Himmel wird sichtbar.
    Manchmal stehen Menschen gegen Unrecht auf und setzen sich
    für Schwächere ein: Ein Stückchen Himmel reißt auf.
    Manchmal nehmen Menschen anderen die Angst und sagen ein
    Wort, das Mut macht und befreit: Ein Stückchen Himmel ist da ...

46. Jeder von uns ist schon deshalb liebenswert,
weil er von Gott geliebt ist.
Jeder, der versucht, Liebe weiterzugeben,
sagt ja zu diesem Ja Gottes zu uns.
Wer das Ja zur Liebe immer öfter wagt,
verwandelt die Welt und damit auch sich selbst ...

47. Mehr als Geld brauchen wir Liebe.
Liebe ist die Kraft, die Glück entstehen läßt.
Aber dieses Glück ist nicht zu kaufen,
weil es Liebe nur umsonst gibt.
Wir sind hier, um uns an Gottes unendliche Liebe
zu erinnern, die er uns umsonst schenkt ...

48. Wie eine Blume die Sonne braucht, um zu blühen, so braucht der
Mensch die Liebe, um zum wahren Menschen zu erblühen. Und
das einzig Wichtige im Leben sind die Spuren von Liebe, die wir
hinterlassen, wenn wir einmal weggehen ...

49. Wir führen den kalten Krieg,
aber jeder sehnt sich nach Liebe. –
Wir beobachten das Gegeneinander,
spüren aber den Wunsch zum Miteinander. –
Im Kampf ums nackte Überleben vielerorts
ahnen wir inzwischen, was auf dem Spiel steht. –
Wir sind hier, um unsere Rolle in diesem Kräftespiel zu überdenken und uns zu fragen, ob wir positive Werkzeuge in der Hand
Gottes sind ...

50. Der christliche Glaube besteht nicht darin, daß wir als Christen in
allen Punkten dieselbe Meinung haben, sondern: daß jeder im
Geiste Christi handelt. Dann können die Mauern fallen. –
Es gibt noch so viele Mauern und Abgründe zwischen den Menschen ...

51. Der Ursprung aller Konflikte zwischen uns
und unseren Mitmenschen ist:
Wir sagen nicht, was wir wirklich meinen,
und wir tun nicht, was wir sagen ...

52. „Liebst du mich?" fragte Jesus einmal Petrus,
und er fragt heute uns. –
Ja, ich liebe dich, wenn ich den Nächsten liebe als dein Kind.

Ja, ich liebe dich,
wenn ich mein Leben annehme als dein Geschenk.
Ja, ich liebe dich,
wenn ich jetzt restlos offen bin für dein Wort ...

53. Jeden Tag neu verworrene Fäden ordnen,
Wogen glätten, den Splitter im Auge behalten. –
Jeden Tag neu der Dankbarkeit Raum geben,
dem Licht mehr als dem Schatten trauen,
das Leid mit Tropfen der Freude besprengen. –
Jeden Tag neu mit dem ganzen Mut der Liebe
einsammeln, aussondern, ausloten und so,
aus unzähligen kleinen Mosaiksteinchen, dir näherkommen ...

54. „Schwamm drüber!" sagen wir manchmal. Aber diese Floskel
spricht nicht die Sprache christlicher Vergebung. Denn sie wischt
die Schuld nicht fort. Sie weiß, daß zum Menschen immer seine
Schuld dazugehört.
Vergebung, wie Gott sie meint, sagt: „Ich nehme dich an mit
deiner Schuld. Sie ist vergeben, nicht vergessen."

55. Wir reden so viel miteinander –
aber zu oft wird es ein Übereinander.
Wir suchen Gemeinschaft –
und geben selbst zu wenig hinein.
Wir wollen Versöhnung,
aber meist von den anderen ...

56. Es gibt einen Weg, den keiner geht,
wenn *du* ihn nicht gehst.
Wege entstehen, indem wir sie gehen.
Ein Weg entsteht, auch für andere sichtbar,
wenn du ihn immer wieder gehst.
Es gibt noch zu viele zugewachsene
und noch zu entdeckende Wege ...

57. Das letzte Wort Ludwig Erhards, Vater des Wirtschaftswunders,
an Bischof Kunst war: „Ich wollte mit dem Wohlstand den
Deutschen helfen. Ich wußte nicht, daß ich die Geldbeutel fülle
und die Kirchen leere."
Da ist vieles dran. Die Warenhäuser werden noch immer voller, die
Herzen und Gesichter aber immer leerer ...

58. Liebe reicht weiter als Gerechtigkeit.

Ein strafender und rächender Gott führt vielleicht zur Reue, aber nicht zur liebevollen Begegnung mit Gott. Weil im letzten Winkel seiner Seele noch das Bild vom gütigen Vater lebte, begann der verlorene Sohn, umzukehren ...

59. Du hast so viel Leben, wie du liebst.

Du hast so viel Liebe,
wie dein Leben herzugeben bereit ist.
Ohne Liebe zerfallen deine Kräfte
in lauter kleine egoistische Ichs.

60. Wenn du wüßtest, daß es einen Platz in der Welt gibt, den nur du ausfüllen kannst, würdest du „ja" sagen?

Wenn da eine Not ist, die keiner lindert, und du daran vorbeikommst, würdest du sagen: Ja, ich helfe?

Wenn es einen Menschen gibt, dem Christus nie begegnet, wenn du ihm nicht davon sprichst, würdest du den Weg zu ihm zeigen?

61. Der chinesische Weise Laotse, der im 4. Jahrhundert v. Chr. lebte, sagte: „Ich habe drei Schätze, die ich hege und pflege:

Der eine ist die Liebe,
der zweite die Genügsamkeit,
der dritte die Demut.
Nur der Liebende ist mutig,
nur der Genügsame großzügig,
nur der Demütige ist fähig zu herrschen."

62. Der chinesische Philosoph Konfuzius, der ca. 500 Jahre v. Chr. lebte (551–479 v. Chr.), stellte sich täglich folgende drei Fragen, die wir uns jetzt auch stellen:

War ich in dem, was ich für andere tat, auch wirklich gewissenhaft?

War ich meinen Freunden gegenüber vollkommen aufrichtig?
Habe ich alle Lehren, denen ich zustimmte,
auch wirklich befolgt?
Waren wir heute gewissenhafte, aufrichtige Christen? ...

63. Wir müßten manchmal in den Abgrund des Elends stürzen, um die Wahrheit zu begreifen und das Mitgefühl neu zu entdecken –

so wie wir uns auf den Grund des Brunnens hinablassen müssen, um die Sterne zu sehen ...

64. Herr, wir wurden so oft geimpft, daß nichts passiert.
    Mit welchem Serum muß man uns eigentlich impfen,
    daß etwas passiert?
    Vielleicht müßten wir geimpft werden
    mit den Tränen der Hungernden,
    mit dem Angstschweiß der Gefolterten,
    mit der Scham der Entehrten ...

65. Menschen zerreden ihre Schuld.
    Man muß nur für alles gescheite Worte finden.
    Da wird aus Korruption Freundschaft,
    aus Ehebruch Selbstverwirklichung,
    aus Kindestötung Schwangerschaftsabbruch;
    die Zerstörung der Erde wird mit „Sachzwang" gerechtfertigt,
    ebenso die Vergiftung des Wassers und der Luft ...

66. Wir haben es nicht gewußt,
    daß es ihm so schlechtging,
    daß sie so schwere Depressionen hatte,
    daß er so viel trank,
    daß sie so allein war,
    daß er keinen Ausweg mehr sah,
    daß sie Tabletten sammelte.
    Haben wir es wirklich nicht gewußt? ...

67. Du klagst vielleicht: In meinen vier Wänden zu Hause nervt mich
    alles. Ich frage: Nervst *du* nicht?
    Du klagst vielleicht: Die Atmosphäre hier und dort zieht mich
    nach unten. Ich frage: Zieht *deine* Anwesenheit nach oben?
    Du klagst vielleicht: Das Miteinander hier und da bringt mir
    nichts mehr. Ich frage: Bringst *du* denn was ein?
    Wir sind oft blind für uns selbst ...

68. Wann lernen wir, auf die vielen Töne zu achten,
    die im Wort des Nächsten mitschwingen?
    Die einen hören das Gras wachsen,
    die anderen überhören jahrelang die Schreie des Nachbarn.
    Wie schwer ist es, in dieser Umwelt zu leben?
    Sind wir offen für die Überraschungen Gottes? ...

69. Ich lerne umzugehen mit dem Computer. Zunächst mühsam. –
Kann ich richtig umgehen mit dem Partner, den Kindern, den
Mitarbeitern? Und wie gehe ich mit dir, Gott, um? ...

70. Schweigen, um lieb zu sein, trennt.
Reden, auch wenn es weh tut, verbindet.
Wie sieht meine Beziehung
zu den mir Anvertrauten und zu Gott aus? ...

71. Du klagst, man mißachte dich? – Ja, achtest denn du?
Du klagst, man quäle dich? – Ja, linderst denn du?
Du klagst, man hasse dich? – Ja, liebst denn du?
Darum gib zunächst anderen, was du erwartest!
Und schenke, was du forderst!
Dann hast du das Deine getan ...

72. Wir waren gelangweilt,
als wir hätten aufhorchen können auf Gottes Wort.
Wir waren schwach,
als wir hätten stark sein können durch Gottes Wort.
Wir haben geschwiegen,
als wir hätten reden sollen von Gottes Wort ...

73. Angenommen, du würdest verhaftet, weil du Christ bist,
gäbe es genügend Beweise, dich zu überführen? –
Die heißesten Plätze in der Hölle sind jenen vorbehalten,
die in Zeiten moralischer Krisen neutral bleiben ...

74. Es gibt auf Erden drei Diebe.
Der eine ist die Antwort: Ich weiß nicht.
Der zweite ist die Antwort: Ich bin es nicht.
Der dritte ist die Antwort: Das geht mich nichts an. –
Wir gehören manchmal zu diesen Dieben ...

75. Kämen wir doch von der Lüge zur Wahrheit,
vom Geschwätz zum Gespräch,
vom Haben-Wollen zum Sein,
vom Verurteilen zum Verstehen,
von der Angst zum Vertrauen!
Kämen wir doch! ...

76. Der Reichtum gleicht dem Seewasser:
Je mehr man davon trinkt, desto durstiger wird man.

Der Wert des Menschen liegt in seinem Innern
und nicht in den vielen Besitztümern,
die er um sich herum anhäufen kann.
Du bist nur das, was du vor Gott bist –
nicht mehr und nicht weniger ...

77. Manchmal vergreifen wir uns im Ton.
Manchmal bringen wir durch ein Wort das Faß zum Überlaufen.
Manchmal rede ich gegen eine Wand.
Manchmal getraue ich mich nicht, etwas zu sagen.
Manchmal lasse ich mich erschlagen von den Worten anderer.
Manchmal verpasse ich die Chance, das Wort zu sagen.
Jetzt sind wir hier, *dein* Wort zu hören ...

78. Wenn einer das Schweigen bricht,
wo niemand mehr Worte spricht, da fängt der Friede an.
Wenn einer ein Lächeln schenkt,
wo jeder die Augen senkt, da fängt die Hoffnung an.
Wenn einer das Werk beginnt,
wo alle entmutigt sind, da fängt das Leben an ...

79. Ich habe auf das Licht gewartet,
aber vielleicht ist das Warten schon Licht.
Ich habe auf die Erfüllung gewartet,
aber vielleicht ist die Sehnsucht schon Erfüllung.
Ich habe auf die Freude gewartet,
aber vielleicht sind Tränen schon Zeichen des Lebens ...

80. Nur ein glücklicher Mensch kann andere glücklich machen. –
Was nicht aus dem Herzen kommt,
wird ein anderes Herz nicht erreichen.
Wir können alle traurig die Person grüßen,
die wir sein könnten ...

81. Was der Schlaf für den Körper, ist die Freude für Seele und Geist:
Zufuhr neuer Lebenskraft.
Freude kann ich am leichtesten erfahren, wenn ich anderen
Freude bereite.
Wieviel Freude wird zertreten, weil Menschen meist nur in die
Höhe gucken und, was zu ihren Füßen liegt, nicht sehen?

82. Man muß sich durch die kleinen Gedanken, die einen ärgern, immer wieder hindurchfinden zu den großen Gedanken, die einen stärken.
Ein fröhliches Herz ist dabei die beste Arznei.
Wir sind hier, um uns gegen die tödliche Krankheit namens Entmutigung und Resignation Vitamine zu holen ...

83. Menschen sind wie Kirchenfenster.
Wenn die Sonne scheint und alles gelingt,
strahlen sie in allen Farben.
Aber wenn die Nacht kommt und das Leid,
kann nur ein Licht im Innern sie zur Geltung bringen. –
Wir sind hier, um für das Licht im Innern Kraft zu holen ...

84. Viele suchen die Wunderblume,
anstatt das Wunder der Blume.
Viele versäumen das kleine Glück,
während sie auf das große vergebens warten.
Gott gibt jedem Vogel Nahrung,
aber er wirft sie ihm nicht ins Nest. –
Wir sind auf der Suche nach dir und der inneren Zufriedenheit ...

85. Besser, man gibt seinen Stunden mehr Leben
als seinem Leben mehr Stunden.
Besser einige Stunden des Frohsinns
als Jahre in der Depression.
Besser ein kurzes Leben im Vertrauen auf Gott
als ein langes Leben ohne Liebe zu Gott und den Menschen.

86. Es ist wohl gerade in unserer schnellebigen Zeit mehr denn je nötig, den Blick über die Tagesmeldungen und Sensationsereignisse weg auf jene ewige Zeitung zu richten:
Ihre Buchstaben sind die Sterne; ihr Inhalt ist die Liebe; ihr Verfasser ist Gott ...

87. In der Muschel unserer Zeit liegt die Perle der Ewigkeit.
Oder: Unsere Zeit ist der Spiegel,
in dem wir die Ewigkeit sehen können.
Verwandle Zeit in Ewigkeit, indem du liebst ...

88. Täglich unternimmt unser Leben eine Gratwanderung
zwischen Hochmut und Demut,
zwischen Lüge und Wahrheit,

zwischen Zweifel und Glaube.
Mitten darin dürfen wir jetzt
für Minuten Herz und Hände entkrampfen ...

89. Sehnsüchte können verglimmen
wie der Docht in der Kerze.
Erwartungen können verglühen
wie die Blitze der Wunderkerze.
Lichter können verlöschen im Windzug der Angst ...

90. Herr, es gibt so viele Undankbare, Unzufriedene, Unglückliche ...
Es gibt so viele Oberflächliche, Halbherzige und Kaputte ...
Es gib so wenige, die Geduld haben, sich Zeit nehmen, den Mund
aufmachen ...

91. Zu Großvaters Zeiten hieß es:
Fürchte Gott, tue recht und scheue niemand!
Zu Vaters Zeiten hörte man:
Tue recht und scheue niemand.
Heute höre ich fast nur:
Scheue niemand. –
Uns geht der Blick für Gott und manches Wertvolle verloren ...

92. Der Weg durch die Wüste ist kein Umweg. –
Wer nicht die Leere erlitt,
bändigt auch nicht die Fülle. –
Wer nie die Straße verloren,
würdigt den Wegweiser nicht. –
Wir rufen zu dem, der uns Weg sein will ...

93. Wir sehen in etwa hundert Meter Entfernung einen Mann Holz
spalten. Das auf den Holzblock geschmetterte Scheit sinkt bereits
nach links und rechts auseinander – da erreicht uns erst der
Schall.
Ähnlich ist es mit der Schöpfung und der lauten Welt draußen. Wir
mögen sie ein halbes Leben lang betrachten, bis wir ein Wort
vernehmen, das sie aus ihrem Herzen preisgibt, und die Seele
spüren, die aus ihrer Mitte erzählt. –
Wir sind hier, um ein besseres Gehör dafür zu bekommen ...

94. Das große Karthago des Altertums führte drei Kriege:
Es war nicht mächtig nach dem ersten
noch bewohnbar nach dem zweiten,

nicht mehr auffindbar nach dem dritten. –
Wie viele Kleinkriege haben wir schon geführt?
Wieviel von uns ist dabei übriggeblieben –
nicht äußerlich – innerlich? ...

95. Wir können uns selbst nicht davonlaufen.
Aber wir können umkehren.
Wir müssen Gott auch unseren Ärger abliefern,
um ihn loszuwerden.
Uns allen ist das Wunder anvertraut, verzeihen zu können.

96. Es gibt Menschen, die ihr ganzes Leben lang gegen Türen drücken,
auf denen „Ziehen" steht.
Vom Leiden zum „Sich selbst leid tun" ist der Schritt oft nur klein.
Wer zu seinen Wünschen „nein" sagen kann, wird am ehesten frei.

97. Wir leben in einer gespaltenen Welt: Wir sehen ein Plakat mit
einem freundlichen Menschen. Darauf steht: Ich rauche gern.
Und unten am Rande: Der Bundesgesundheitsminister: Rauchen
gefährdet Ihre Gesundheit. –
Wir sind manchmal schon selbst gespalten ...

98. Was einst verführerisch glänzte, verliert immer mehr an Leucht-
kraft, je mehr wir uns dem Tod nähern. Immer mühsamer gelingt
uns die Selbsttäuschung, immer mehr bröckeln die Fassaden;
Rollen werden lächerlich, Geld und Besitz trösten nicht mehr;
Titel werden nichtssagend.
Um so tiefer fällt dein Wort in unsere Seele: Herr, erbarme dich ...

99. Wenn Licht und Finsternis zusammenkommen, siegt immer das
Licht. Darum haben alle Mythologien darauf hingewiesen: Die
Finsternis meidet das Licht, um nicht selbst Licht zu werden. –
Wir sind hier, um die Finsternis in uns dem Licht auszusetzen ...

100. Manchmal bitten wir Gott um einen Strauß schöner Blumen,
aber wir erhalten nur eine Kaktee, an deren Stacheln wir uns
verletzen.
Manchmal bitten wir Gott um Schmetterlinge, aber wir erblicken
nur abstoßendes Gewürm.
Und doch können wir dann manchmal erleben: Die Kaktee steht
auf einmal voller wunderschöner Blüten. Und das Gewürm hat
sich in herrliche Schmetterlinge verwandelt!
Darum bitten wir hier um den „zweiten" Blick! ...

(Viele Gedanken sind eingeflossen von: Albert Schweitzer, Petrus Ceelen, Robert Lembke, Dietrich Bonhoeffer, Hansmedi Wirz, Georg Moser, Martin Gutl, Martin Buber, Arthur Schopenhauer, Pfarrer von Ars, Werner Sprenger, Walther Lüthi, F. Schwanecke, Grete Zottmann, Friedolin Stier, A. L. Balling, Franz Kafka, Theodor Weißenborn, Wilhelm Brunners, Treugott Giesen, Hedwig Beckmann, Andrea Schwarz, Bertolt Brecht, Chun Ming Kao, Raymund Weber, H. J. Coenen, Georg Bydlinski, Vaclav Havel, Ernst Jucker, Pearl S. Buck, Gertrud Gilles, Wolfgang Dietrich, Michael Zielonka, Lothar Zenetti, Christian Morgenstern, Jochen Klepper, Dante, Konfuzius, Laotse, Wilhelm Willms, Wolfgang Poeplau, Doris Lindenblatt, Stefan Mai, Martin Ebner, Paul Tillich, Heinz Zahrnt, Th. W. Adorno.)

Schuldbekenntnis und Vergebungsbitte

Schuldbekenntnis

Das allgemeine Schuldbekenntnis aus dem Bußakt der Messe (GL 353,4): Ich bekenne ...
oder: GL 56,5: Bekenntnis, *oder:* GL 57,4 Bekenntnis

Vergebungsbitte

In der Regel die alte Vergebungsbitte, die früher unmittelbar vor dem Kommunionempfang stand:
Der allmächtige Gott erbarme sich unser. Er lasse uns die Sünden nach und führe uns zum ewigen Leben.

oder:

1. Weil Gottes Liebe keine Grenzen kennt und er euren Willen zur Umkehr sieht, erbarmt er sich euer. Der allmächtige Gott lasse euch die Schuld nach und führe euch ins ewige Leben.
2. Wer in dieser Bußfeier ehrlich seine Schuld eingesehen und bekannt hat, dem schenkt Gott sein Erbarmen. – Er befreie euch von all eurer Schuld und gebe euch die Kraft, auch euren Nächsten zu vergeben und so Gottes Güte zu verkünden.
3. Jesus Christus ist gestorben und auferstanden, um uns zu erlösen. Er kam nicht, um die Welt zu richten, sondern zu retten. Er schenkt uns jetzt in der Gemeinschaft seiner Kirche Vergebung und Frieden.
4. Gott spricht: „Ich schenke euch ein neues Herz und gebe euch einen neuen Geist. Ich nehme das Herz von Stein aus eurer Brust und gebe euch ein Herz aus Fleisch" (Ez 36,26). Im festen Glauben daran, daß dieses Wort jetzt an uns Wirklichkeit wird, bitten wir um das herzliche Erbarmen Gottes: Der mächtige Gott ... (s.o.)
5. Wenn auch unser Herz uns anklagt, Gott ist größer als unser Herz. Er weiß alles. In seinem Namen darf ich sprechen: ... (s.o.)
6. Wenn wir unsere Schuld bekennen, ist Gott treu und gütig. Er vergibt uns die Sünden und reinigt uns von jedem Unrecht (1 Joh 1,9). So erbarme sich unser der mächtige Gott ... (s.o.)

7. *Indem der Priester durch die Kirche zieht und alle mit geweihtem Wasser besprengt (= Asperges), betet er laut:*
Mit diesem Wasser, aus dem alles erschaffen worden ist; mit diesem Wasser, das reinigt, was beschmutzt ist; mit diesem Wasser besprenge ich euch: Wasser der vergebenden und heilenden Kraft Gottes.

Bitten

Um einer Wortüberflutung entgegenzuwirken, beten wir – falls die Bitten nicht ganz wegfallen – gemeinsam ein Bittgebet. Dazu eignen sich im Gotteslob:

GL 4, 2–4: Um Glaube, Hoffnung, Liebe
GL 4, 6: Um Heiligen Geist
GL 6, 6: Wachse, Jesus, wachse in mir
GL 8, 1: Bitte und Vertrauen
GL 8, 2: Herr, laß das Böse geringer werden
GL 18, 7: Bleibe bei uns, Herr
GL 29, 3: Herr, öffne meine Augen
GL 29, 6: Herr, mach mich zum Werkzeug deines Friedens
GL 31, 1.2 (3.4): Verantwortung für die Welt
GL 57, 7: Bitte um Kraft zur Vergebung.

Es ist auch immer wieder eine anregende Aufgabe, einen Kreis der Gemeinde zu einem gestellten Thema solch ein Gebet entwerfen zu lassen, z.B. zum Thema „Frieden":

– Herr, laß die Mächtigen dieser Welt einander mehr
  die Hände reichen als die Fäuste ballen.
– Nimm das eisige Schweigen zwischen den Fronten:
  zu Hause und am Verhandlungstisch.
– Herr, hilf uns, Brücken zu bauen und Mauern einzureißen.
  Gib uns den Mut zum ersten Schritt.

Hier sollte allerdings darauf eingewirkt werden, daß nicht zu viele Bitten „für uns" lauten: Wir sollen auch immer über den Horizont der Gemeinde hinausschauen.

Dankpsalm

Wenn er nicht durch ein Danklied ersetzt wird oder ganz fortfällt, eignen sich folgende Gotteslob-Psalmen:

GL 83 (Ps 103): Der gütige und verzeihende Gott

GL 89 (Benedictus): Gepriesen sei der Herr

GL 712 (Ps 18): Danklied des Königs

GL 718 (Ps 23): Der Herr ist mein Hirte

GL 719 (Ps 27): Gemeinschaft mit Gott

GL 721 (Ps 32): Freude über die Vergebung

GL 758 (Ps 145 B): Aller Augen warten auf dich

GL 759 (Ps 146): Gott, Herr und Helfer

GL 788: Dank für Gottes Güte

Danklieder im Gotteslob: GL 257 – 287.

ANHANG 5

Segen

1. Der Herr segne und behüte euch. Er lasse sein Angesicht über euch leuchten und sei euch gnädig. Er schaue auf euch und schenke euch seinen Frieden. Das gewähre euch der dreieinige Gott, der Vater und der Sohn und der Heilige Geist.

2. Gott schenke euch Zuversicht und Hoffnung wider alle Hoffnung. Er schaffe eure Herzen neu im Geist seiner Liebe. Das gewähre euch der dreifaltige Gott, der Vater und der Sohn und der Heilige Geist.

3. Geht in dem Bewußtsein, daß unser Herr bei euch ist, mit euch geht, für euch ist! – Es segne euch der mächtige Gott, der Vater und der Sohn und der Heilige Geist.

4. Es segne euch Gott, der Vater, der euch das Leben geschenkt hat. Es segne euch der Sohn, der für euch gestorben und auferstanden ist. Es segne euch der Heilige Geist, der in uns das Gute wirkt.

5. Der Herr sende euch seine Kraft und Freude. Er begleite eure Wege mit seinem Segen. Er mache fruchtbar euer Wirken. Er stärke euch gegen alles Böse. Er gebe euch Mut, den Menschen zu dienen. Dazu segne euch der Herr des Himmels und der Erde: der Vater und der Sohn und der Heilige Geist.

6. Macht Frieden, wo immer ihr könnt. Schenkt Freude, wo Angst und Verbitterung wohnen. Gebt Gottes Güte weiter an alle, die euch begegnen. Dazu segne euch der mächtige Gott, der Vater und der Sohn und der Heilige Geist.

7. *Es gibt sehr schöne feierliche Schlußsegen (auch zum Singen!) im Meßbuch, S. 532–575.*

Schriftstellenverzeichnis

Die Verweise beziehen sich auf die *Nummer* der Bußfeier

Genesis		5,23f	23, 25
7–8	3	5,30	20
9,11–16	10, 23	5,37	25
38	21	5,44–46	23, 25
		6,3–24	25
Exodus		7,1–5	11, 17, 18,
3,14	24		22, 25
13,21–22	24	7,12	4, 8, 11, 25
		8,23–27	3
Josua		9,1–8	2
2	21	9,13	25
		9,35 – 10,8	7
2 Samuel		14,22–33	3
11 + 12	21	17,1–9	21
		18, 21–35	23, 25
Psalmen		19,13–15	20
8	12	21,42	9
104B	12	25,1–13	19
141,1.2.	24	25,40	11, 17
		25,41–46	18
Jesaja		27,32	18
11,1–10	21	27,57–60	18
35,1–6a	21	28,19.20	7, 12
49,16	7, 12		
53,2b–5	16	*Markus*	
		10,43ff	11
Ezechiel		15,21	18
36,26	2	15,42–46	18
Matthäus		*Lukas*	
5,3	20	4,1–13	22
5,14–16	5, 15	4,16–21	10